Un Cristiano

Con Coraje

Como ser

Un Cristiano Con Coraje

Martin Zavala
Mision 2000

Pedidos e informes:

Misión 2000
P.O. BOX 51986
PHOENIX, AZ 85076
Tel. (480) 598-4320

Nuestra dirección en Internet:

www.defiendetufe.com

"Libros que cambian vidas"

Dedicatoria:

Con cariño a los tres hombres que han marcado más profundamente mi vida:

* Mi Papá, Oscar Zavala, a quien amo profundamente y del que recuerdo que desde que yo era un niño siempre lo mire orando antes de comer y antes de irse a trabajar. Papá: Te quiero mucho.

*Mi amigo y hermano en Cristo, Héctor López López, quien un día fue a visitarme a mi casa, sacándome del error de los Testigos de Jehová y ayudándome a conocer a Jesucristo y amar a la Iglesia de Cristo: La Católica. Hermano Héctor: Dios te bendiga siempre.

*Especialmente a Jesucristo, mi Señor y Salvador. Gracias por llamarme en tu gran misericordia a ser un servidor tuyo y un Misionero de la Palabra de Dios.

A ti sea todo el honor y la gloria por siempre. Amén.

Martín Zavala

INDICE

PROLOGO

Estimado hermano(a) en Cristo. Los tiempos actuales que estamos viviendo son una oportunidad enorme para hacer crecer el Reino de Dios en nuestras vidas y en el mundo. A pesar de toda dificultad económica, política, religiosa o espiritual, te aseguro que Jesucristo quiere bendecirnos en abundancia por medio de la única Iglesia que él fundó: La católica.

Créeme, que en este momento, lo más importante no es cómo estás en tu vida espiritual, sino como quieres estar en los próximos años. Si quieres vivir la plenitud de la vida cristiana sigue los consejos que te comparto en este libro. Si estás dispuesto a que Dios te guie por el camino del evangelio, entonces él mismo te usará mucho más de lo que puedas imaginar.

La clave para realizar profundos cambios en nuestra vida, a nuestro alrededor y en la Iglesia, es decidirnos a ser «cristianos con coraje» y ese es precisamente el objetivo de este libro.

Hace algunos años, al hacer las primeras impresiones de este libro, su título original era «como ser un líder cristiano con coraje». Sin embargo, al pasar el tiempo he comprendido y discernido que las abundantes frutos producidos en quienes han seguido los consejos bíblicos que compartí, no son solamente para los que ya son servidores, sino para todos aquellos que quieran ser «usados» en abundancia por Cristo nuestro Señor.

Yo mismo soy testigo como Dios puede hacer grandes cosas con aquellos que deciden aceptar y vivir el evangelio completo de Jesucristo.

Yo nací en la Iglesia católica, pero al entrar a la etapa de juventud me fui alejando poco a poco de Dios. Al llegar a los 19 años me aleje tanto que decidí hacerme ateo. Dure dos años sin creer en Dios. A los 21 años llegaron los testigos de Jehová a mi casa y empecé a aceptar su doctrina. Volví a creer en Dios; a orar; a cambiar de vida etc.

Sin embargo, unos meses después, un amigo católico llegó a mi casa y empezó a predicarme de Jesucristo; del amor de Dios y de la Iglesia católica. Su actitud me sorprendió: Todo lo hacía con un alto grado de convencimiento; Usaba la Biblia en abundancia; predicaban en los camiones; oraban antes de jugar; no tomaban ni fumaban; rezaban el rosario en el campus de la universidad; eran universitarios y algunos incluso ya eran profesionistas.

Todo eso me impacto. Además me recomendó libros de defensa de la fe para aclarar mis dudas. Decidí regresar a la Iglesia católica pues descubrí que los testigos de Jehová tenían la verdad al 50%. Entre como misionero a tiempo completo y desde allí hasta hoy, son 23 años sirviendo en esta bendita Iglesia católica.
Dios ha ido obrando en mi vida y de ser un ateo o testigo perseguidor ahora predico el evangelio completo de Jesucristo en la única Iglesia que él fundó: la católica.

Antes siendo ateo tenía una vida sin sentido; de egoísmo, soledad y de pecado. Tan introvertido era... que me daba vergüenza hablar hasta con mis propios familiares.

Ahora por gracia y misericordia de Dios tengo cuatro libros publicados; programas de radio que se transmiten a varios países; videos y cursos de defensa de la fe; sitios de Internet para evangelizar; he predicado en Centroamérica, Sudamérica y en Europa; fundador de un Instituto diocesano de teología... y una familia con la que camino en este servicio. De todo lo anterior créeme que nada tengo que gloriarme pues ha sido obra de Dios y misericordia sobre este pecador.

Lo anterior te lo comparto porque Dios puede y quiere hacer grandes cosas contigo. Dios puede hacerlo otra vez. Si lo hizo conmigo, un pobre pecador arrepentido, ignorante de su evangelio y atacante de la fe, entonces Dios puede hacer maravillas en tu vida si decides dar los pasos correctos para «ser un cristiano con coraje». Dios te llevará aún más lejos de lo que puedas creer y te usará en abundancia.
Ese es mi deseo al compartir contigo en este libro algunos de los maravillosos «secretos» de la Biblia.

Animo y bienvenido.

Nota aclaratoria
En el título del libro y en su contenido uso la palaba «cristiano» para referirme a nosotros los católicos, pues hoy en día hay mucha gente está confundida llamándoles solamente 'cristianos' a nuestros hermanos protestantes. En realidad ellos son, y hay que llamarles, cristianos evangélicos, pero no solamente cristianos. Los únicos cristianos que existimos desde que Jesucristo fundó su Iglesia somos los católicos. Los demás tienen 100 o 200 años que se fundaron.

Por favor, si tienes amigos o familiares que no son católicos nunca les llames solamente 'cristianos' pues ellos mismos ya se lo creyeron y creen ser los únicos cristianos. Lo correcto es que les digamos cristianos evangélicos y nosotros somos cristianos católicos.
Como dijo un padre de la Iglesia hace siglos: «Mi nombre es cristiano y mi apellido es católico».

INTRODUCCION

Por esas razones que algunos llaman "Diosidencias", en vez de 'coincidencias', recibimos una invitación para ir a Inglaterra a dar unas conferencias sobre Apologética y evangelización. Las charlas serian en Birmingham y en Brentwood, cerca de Londres, dirigidas a líderes laicos, religiosas y sacerdotes que tuvieran interés por estos dos aspectos de la pastoral.

Sin duda que se trataba de una gran aventura evangelizadora. A tal grado, que cuando estábamos comiendo llego un sacerdote y con entusiasmo nos saludó en español. Al mismo tiempo, con alegría y sorpresa nos preguntaba: ¿Cómo es posible que misioneros laicos mexicanos estuvieran enseñando en Birmingham, Inglaterra, en español y en un Instituto de Teología? La respuesta: Dios tenía unos planes muy especiales pues fueron dos días de mucha bendición.

Allí confirmé una vez más la enorme importancia de la formación de 'nuestro carácter" para tener una visión cristiana que nos impulse a vivir la fe, como actualmente lo dice el Papa Francisco, con más 'Coraje'.

En medio de una de las conferencias un sacerdote pidió la palabra y preguntó que cómo se podía desarrollar un trabajo pastoral en un ambiente y una cultura donde reinaba un neopaganismo, un anti-catolicismo y además que los católicos eran una minoría de solamente un 8 a un 10 por ciento.

Las condiciones no son iguales que en América Latina -continuo explicando el sacerdote- a la vez que la mayoría movía la cabeza en un signo que confirmaba que eso era cierto.

Después del comentario inmediatamente me acordé de uno de los puntos que trato en este libro y les comenté lo siguiente:

En realidad En América Latina sucede algo similar a lo que pasa en Inglaterra. Una gran mayoría afirma ser católico pero lo es de una manera nominal, pues solamente asisten a la Iglesia para recibir algunos sacramentos como algo cultural. El porcentaje promedio de católicos que asisten cada domingo a la Eucaristía en varios países de este continente es de un 8 al 10% y son todavía menos los que están realmente comprometidos en la fe y en la pastoral. Incluso, los líderes también se quejan de una manera similar diciendo que la gente es "muy fría" y que no les interesa Dios por pensar solo en el trabajo y que están muy materializados etc.

El argumento era entonces igual en Inglaterra que lo que comúnmente escuchamos en América Latina. **En todos lados hay dificultades.** Dicho esto les conté una especie de parábola que hace tiempo escuché y que es un urgente practicar en la Iglesia, sobre todo si queremos ser auténticos cristianos.

Cuentan que en una ocasión mandaron a un vendedor de zapatos a un lugar muy lejano en el África para extender sus ventas por aquella zona, días después recibieron una carta donde decía: "**Fracaso total. Aquí nadie usa zapatos"**. El gerente no se dio por vencido y mando a otra persona al mismo lugar y en unos días volvió a recibir otra carta pero ahora decía: ***"Éxito total. Aquí nadie usa zapatos. Todos pueden comprar".***

¿A cuál se parece usted?

En nuestra vida siempre habrá: problemas, oposición, desinterés, enfermedades, dificultades económicas, familiares y muchas cosas más que nos pueden hacer pensar que no funcionará como nosotros queremos y que será un fracaso. Pero todos tenemos algo de esto. TODOS.

Lo importante no es como está la realidad a la que nos enfrentamos sino que actitud tomamos ante las situaciones que se van presentando. Una visión pesimista donde se culpa al materialismo; a la frialdad de la gente; al desinterés de los jóvenes; a la apatía y a veces hasta la culpa de todo al diablo, provoca que muchos hermanos y comunidades católicas caminen con una lentitud y tibieza que les llega a hacer pensar que así es la realidad.

No hermano, no es así. Yo te aseguro en el nombre del Señor Jesús que este tiempo que estamos viviendo es especial para cosechar triunfos espirituales y victorias para Jesucristo. En adelante no culpes a nadie, pues el líder como el "cerillo=fosforo" es el que da fuego y enciende todo.

Cristianos con 'Coraje'

Como el apóstol Pablo lo dijo: "Donde abunda el pecado sobre abundo la gracia". Es un tiempo para decir como el segundo vendedor: "Éxito total, no tienen a Dios, todos podrán tenerlo". Para lograr esto es necesario cambiar las actitudes del servidor actual en muchas áreas y lo mejor es empezar por ti y por mí.

En realidad es la "actitud" y el "carácter" lo que marcará la diferencia en nuestra vida espiritual y en el crecimiento que tengamos. Sea Inglaterra, Francia, Estados Unidos, México, Puerto Rico, Cuba o Colombia, la diferencia está específicamente es en el "carácter" o estilo de seguir a Jesucristo. Allí es donde está la fuente para lanzar y extender el Reino de Dios con poder y santidad. Tal vez por eso el Papa Francisco hace, una y otra vez, el llamado a tener "coraje" para vivir la fe con intensidad.

Ese es el objetivo del libro que tienes en tus manos. Si tienes en tu mente y corazón el anhelo de crecer fuertemente como cristiano ten la seguridad que aquí encontrarás la riqueza de la Palabra de Dios y del magisterio de la Iglesia para poder producir más "explosiones espirituales" de fe.

Encontrarás a veces algunas cuestiones muy directas pero al mismo tiempo llenas de amor de parte de alguien que ama a Dios y a la Iglesia. Las escribo porque son "la realidad nuestra de cada día" en nuestras casas, parroquias, diócesis... y porque Jesucristo este esperando que surjan "cristianos con coraje" para extender más su obra, en su Iglesia: La Católica.

Oro a Dios de todo corazón para que él haga de ti un servidor capaz de ponerse de pie como el Rey David para tumbar los "Goliaths" que hoy en día se han levantado. Que Dios te use para liberar a muchos que están derrotados. Que derroques al "Goliath" de la drogadicción, del sectarismo, del aborto, de la indiferencia, de la injusticia social, de los vicios, de la tibieza... y que igual que a "David" te sobren algunas "piedras" para ayudar a otros a hacer lo mismo. Con tanto valor y con piedras de sobra que digas: "hay algún otro Goliath que quiere enfrentarse a Yahvé de los ejércitos". *1 Sam 17,-52*

Si tu anhelo es ser usado fuertemente por el Señor Jesucristo bienvenido. Lee, medita y pon en práctica lo que aquí encontrarás para forjar tu "carácter" para ser un 'cristiano con coraje' que extienda el Reino de Dios en su vida, familia, parroquia y sociedad.

I

Acelerando el Reino

1

METIENDO EL ACELERADOR ESPIRITUAL

La pregunta fundamental que puede marcar profundamente nuestra actitud como auténticos cristianos es la siguiente:

¿Podemos acelerar la llegada del Reino de Dios?

Primero que nada es conveniente precisar el sentido que usaremos de esta expresión, ya que tiene diferentes significados. En sentido general el Reino de Dios es todo aquel lugar donde se vive la justicia, la paz, el amor y la verdad; pero en otra acepción puede significar la persona de Jesucristo, o en otra también puede hacer referencia a la Iglesia como semilla del Reino y por último, en otro sentido haría referencia al Reino escatológico.

Cuando aquí nos preguntamos si podemos acelerar la venida del Reino estamos diciendo que si nosotros podemos hacer algo para que Jesucristo reine mas pronto en nuestra vida, familia, Iglesia y sociedad. *Esto es de una enorme importancia*, puesto que muchas bendiciones de Dios las podríamos obtener más rápido.

¿Se da cuenta hermano(a) lo que estoy diciendo? Para que quede claro lo diré más directo:

- ¿En cuánto tiempo te gustaría que tus metas pastorales se lograran?
- ¿Qué tan rápido quieres mejorar en tu vida familiar?
- ¿Con qué rapidez deseas que en la Iglesia avancemos en algún aspecto?
- ¿Piensas que es urgente que haya una sociedad más justa, con menos miseria y con más presencia de Dios?

Si su respuesta es: "Sí, yo quiero que esto suceda más pronto", entonces es necesario que conozcamos y pongamos en práctica las actitudes indispensables para poder lograrlo.

Eso es lo que pretendemos aprender en este libro, y ten la seguridad de que si pones en práctica los consejos que veremos notarás una gran diferencia en el servicio que estés prestando. Adentrémonos en ellas:

Lo primero que debemos tener es una total seguridad de que el Reino de Dios *sí se puede acelerar.* Sí. Leyó usted bien. Hay que empezar a quitarnos de la cabeza frases como "no se puede", "es muy difícil", "ya lo intentamos", "aquí la gente es fría", y otras frases por el estilo o incluso otras que suenan muy religiosas como las ya famosas: "así lo quiere Dios" o "muchos son los llamados y pocos los elegidos".

> **Quien Piense así no podrá Acelerar ni su Propio Carro.**
>
> **Menos Podrá ser un cristiano que logre Acelerar El Reino de Dios.**

Recuerdas qué fue lo que pasó en las bodas de Caná cuando una mujer llena de amor, de servicio y de confianza en Jesús logró acelerar el Reino. Sí. Esa gran mujer fue nuestra madre María. Ella no tuvo actitudes de conformismo como las que ya mencionamos, al contrario, ella tuvo la osadía de lanzarse cuando nadie lo hizo o no sabían cómo hacerlo. Tan lo "aceleró" que el mismo Jesucristo dijo:

"...todavía no ha llegado mi hora"
Jn 2,4

Pero aun así hizo el primer milagro de su ministerio convirtiendo el agua de las tinajas en vino. María adelantó la hora de la manifestación de su poder y mesianidad. Y si nosotros también queremos hacerlo una condición indispensable es seguir su ejemplo de confianza total en Jesús y "pisar el acelerador espiritual".
Tan podemos adelantarlo que todos los días en todo el mundo estamos diciendo en el Padre Nuestro:

"venga a nosotros tu Reino"
(Mt 6,10)

Salgamos al encuentro del Reino de Dios dejando a un lado la pasividad y conformismo en lo personal, familiar, eclesial y social. Si la situación se encuentra mal es porque en gran parte hemos colaborado al permitir que eso suceda.

Como el Papa Juan Pablo II lo mencionó en su visita a Cuba:

"*Hay que decidirnos a ser protagonistas de nuestra propia historia*"

Constructores de una Iglesia más santa y comprometida; constructores de una sociedad más justa; constructores de un mundo nuevo... **es tiempo de meter el acelerador** y dejar de llevar la vida en primera o segunda velocidad. Peor aún, algunos líderes llevan su acción pastoral *en neutral* o están pensando en retirarse *metiendo reversa.*

Así como un carro no se puede llevar durante horas en pura primera porque terminaría dañándose. Tampoco podemos realizar nuestro apostolado con la misma calma de siempre como si no hubiera prisa por lograr establecer el Reino de Dios entre nosotros. Ten ánimo y lánzate a vivir con intensidad el servicio que el Señor te ha dado. No es tiempo de vacaciones espirituales sino de vivir con el coraje de los santos urgente para el tercer milenio.

Ten siempre presente las palabras de Jesucristo:

"El Reino de los cielos sufre violencia y los violentos lo arrebatan".
Mt. 11,12

Pregúntate hermano:

¿En qué velocidad estoy llevando mi cristianismo, mi servicio y mi liderazgo?

Si no vas rápido no te preocupes. La verdad es que no importa mucho en que velocidad actualmente lo estas llevando, **sino en cual la quieres llevar de ahora en adelante.**

En este primera parte veremos cuáles son *algunas de las características* necesarias para poder lograrlo.

2

¿TIEMPO DE GRACIA O DE DESGRACIA?

Recuerdas a los malhechores que están junto a Jesús en la cruz. Los dos están en las mismas circunstancias de dolor y de cercanía de la muerte. Sin embargo la actitud de cada uno de ellos es diametralmente opuesta. El primero interpela a Jesús, el segundo lo aprovecha:

> *"¿No eres tú el Cristo? Pues sálvate a ti y a nosotros Pero **el otro** le respondió diciendo: ‹‹ ¿Es que no temes a Dios, tú que sufres la misma condena? Y nosotros con razón, porque nos lo hemos merecido con nuestros hechos; en cambio, este nada malo ha hecho ›› Y decía: ‹‹ Jesús, acuérdate de mi cuando vengas con tu Reino.›› Jesús le dijo: Yo te aseguro que hoy estarás conmigo en el Paraíso."*
>
> Lc 23,39-43

Los dos estaban en la misma situación, pero para uno fue tiempo de desgracia mientras que para el otro fue tiempo de gracia. **La diferencia estuvo en la actitud espiritual que tomó el llamado "buen ladrón"**. Algunos afirman que era tan buen ladrón que en unos segundos se robó el paraíso. Este es un gran ejemplo a seguir - no lo de ser ladrón eh - si queremos acelerar el Reino, gran parte dependerá de que actitud tomemos en el movimiento al que pertenecemos; en la parroquia donde servimos; en el ministerio que estamos dando; en la familia que Dios nos dio y en cualquier lugar que nos encontremos. Hay que ser terriblemente optimistas y descubrir las oportunidades aun en medio de las dificultades.

Hace algún tiempo estuvimos sirviendo en Cd. Juárez, México. Recuerdo muy bien, que antes de llegar allí las noticias que recibíamos eran de que se trataba de un lugar difícil para el apostolado, que la gente era muy fría, que no les interesaba lo espiritual, y que casi no asistían a la Iglesia por estar muy ocupados trabajando en las fábricas etc. Casi como el vendedor que mencionamos al principio, nos dijeron: ‹‹ será un fracaso total ››.

Sin embargo, con el tiempo comprobamos que era exactamente lo contrario. En esa ciudad, donde abunda la violencia, hay hermanos altamente comprometidos con Dios, con la Iglesia y con la sociedad. Se realiza un rosario viviente donde asisten cerca de 20,000 personas; es una de las diócesis donde hay más laicos comprometidos; fundamos un Instituto Diocesano de Teología con un programa de estudios que dura siete años y que actualmente cuenta con más de 150 alumnos; hay un periódico diocesano semanal... pareciera que quienes nos dieron los informes hablaban de otra ciudad, pero no era así.

Lo que sucede es que si hacemos un hábito el tener una actitud espiritual más positiva y de reto, lograremos lo que antes pensábamos que era imposible.

LO QUE PARA ALGUNOS ES UNA PESADILA, PARA EL BUEN CRISTIANO: ES UN RETO

Es como la celebración del tercer milenio. Hubo sectas y grupos que hablaban del año 2000 como un tiempo de desgracia, de catástrofes y hasta del fin del mundo. Mientras que en la Iglesia católica se hablaba de un tiempo de gracia, de esperanza y de júbilo. Hay que aprender a ver la vida constantemente de esta forma. Estar en un constante tiempo (kairos) de Dios.

Es decir, si dos personas se encuentran en la misma situación, para uno puede ser ***tiempo de gracia***, mientras que ***para el otro es tiempo de desgracia***. En el tiempo de nuestra vida y en el tiempo espiritual lo que producirá frutos cristianos dependerá en mucho de nuestra actitud personal.

No es lo que sucede lo que nos hace ser buenos cristianos, sino la actitud que tomemos ante ello.

Haz de tu vida y servicio, ***un tiempo de gracia***.

Se un valiente discípulo del Señor Jesucristo que haga de las dificultades un reto que enfrentar y una oportunidad para vencer.

La victoria ya está ganada en Jesucristo.

3

CONSTRUYENDO CON UN PLANO: LA BIBLIA

Cuando uno compra una televisión, un refrigerador, una grabadora y muchas cosas más, la gran mayoría de ellos viene siempre con un **instructivo o manual.** La razón es muy sencilla pero al mismo tiempo es muy importante: si se le quiere dar un buen uso y sacar el máximo de provecho al aparato es totalmente indispensable *leer las instrucciones*. Estas son profundamente desarrolladas por el fabricante y nos va a ahorrar posibles dolores de cabeza y nos ayudara a disfrutar de nuestra compra.

¿Se da cuenta que estamos hablando de un simple aparato eléctrico o electrónico? Si es necesario hacerlo con un objeto con mucha mayor razón es necesario conocer el manual que Dios nos ha dejado para guiarnos a la salvación. Esto es urgente para poder acelerar el Reino. Hay que recuperar de una manera real el valor de la Sagrada Escritura en nuestra vida cristiana.

El católico del siglo XXI será una persona que conozca, ame, viva y predique con profundidad la Palabra de Dios. La razón del enfriamiento o tibieza de muchas personas y grupos actualmente se debe en gran parte a que no han puesto en un lugar principal la Biblia. Desafortunadamente todavía hay muchos lugares donde se dan pláticas pre-sacramentales, catequesis y formación sin la Biblia. Muchas veces ni el catequista, el predicador, el conferencista o el orador la llevan ni la usan.

Si como cristianos no conocemos *las instrucciones o el manual que Dios nos ha dejado* para guiar nuestra vida es normal que no los llevemos por el camino más corto y seguro.

Recuerda usted que San Jerónimo dijo:

"desconocer las Escrituras es desconocer a Cristo"

¿Qué pasaría si este gran santo viviera y se diera una vuelta por las parroquias, movimientos y centros de formación? O se encontrara con que hay:

- Congresos catequéticos donde el tema principal es la importancia de la Biblia y nadie la lleva... ni siquiera el que da el tema.
- Encuentros de planeación pastoral de varios años donde la Sagrada Escritura brilla por su ausencia.
- Reuniones de sacerdotes donde nadie la usa, ni siquiera en la oración.
- Retiros vocacionales donde el predicador no usa la Biblia.
- Encuentro nacional de pastoral juvenil sin la Sagrada Escritura.
- Congreso internacional sobre la vida religiosa en los tiempos actuales donde ningún ponente la lleva.

- Avisos parroquiales afuera del templo donde se anuncia de todo menos cursos de Biblia.
- Eucaristía donde se va a celebrar el centro de nuestra fe y el pueblo de Dios no lleva la Sagrada Escritura

Si bien se ha avanzado bastante en este aspecto, **al parecer algunos tienen la idea de que solo en un curso de exégesis bíblica es cuando hay que usarla.** ¿No será por esto que las cosas no funcionan tan bien en la pastoral? ¿No será que estamos dejando a un lado el manual de instrucciones que el Señor nos dio?

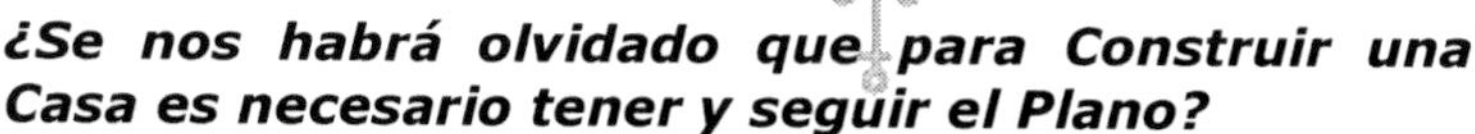

¿Se nos habrá olvidado que para Construir una Casa es necesario tener y seguir el Plano?

Reafirmemos esto:

La **Iglesia Católica** reunió y estableció el canon de la Biblia.

Año 393 Y 397.

Un sacerdote **católico** la tradujo de las lenguas originales al latín.

San Jerónimo

Monjes católicos durante siglos hicieron las copias a mano.

Un **cardenal** colabora en la división de capítulos y versículos.

Stephen Langdon

¿Quién la lee más? ***El Protestante***. Esto si que es para Ripley y casi, casi para el récord guiness. Todo el trabajo lo hace la Iglesia Católica y llegan unos despistados para disfrutarla.

Aquí el problema no es el valor y promoción que el magisterio de la iglesia le da a la Sagrada Escritura, ni la profundidad de los estudios exegéticos que actualmente se realizan. No. Ahí todo está bien. El problema radica que en la práctica, en la pastoral, en lo concreto, **el católico** no la tiene constantemente en sus manos.

Alguien dirá: Pero casi todo católico hoy en día tiene una Biblia en su casa. Sí, respondo yo... pero muchos la tienen abierta en los salmos, según ellos, para la 'buena suerte'...

¡Ah...! Y no basta tenerla solamente para estudio en el salón de clases del seminario o en curso bíblico del Instituto teológico o en cursos para hacer una licenciatura en exégesis bíblica. El obispo, el sacerdote el diácono, la religiosa y el servidor no la está teniendo constantemente en sus manos para leerla, meditarla, vivirla y predicarla. Y si no la tiene el líder, menos la tendrán los grupos, ministerios, comunidades y cada uno de nosotros. Algunos hasta llegan a decir que está mal hacerlo porque parecemos protestantes. ¡Que increíble!

Por esta misma razón cuando en los medios de comunicación quieren poner una foto que represente a la Iglesia Católica buscan una imagen de un sacerdote vestido con sus ornamentos y celebrando la Eucaristía. En cambio para hablar del protestante ponen al pastor con una Biblia y predicando.

Si de verdad deseas acelerar el Reino de Dios lucha para que la Biblia, que es un regalo de Dios de y para la Iglesia Católica, vuelva a su lugar de origen: en las manos del católico. ¡*Empieza por ti*!

Es por eso que en el documento *Tertio Milennio adveniente* el Papa nos dice:

"Es necesario que los cristianos, sobre todo durante este año, vuelvan con renovado interés a la ***Sagrada Escritura****... En el texto revelado es el mismo Padre celestial que sale a nuestro encuentro amorosamente y se entretiene con nosotros manifestándonos la naturaleza del Hijo Unigénito y* ***su proyecto de salvación para la humanidad****"*

(Cfr. No. 40)

No olvidemos nunca lo que el Concilio Vaticano segundo habla acerca de esto:

"La Iglesia ha venerado siempre la Sagrada Escritura tal como se hace con el Cuerpo de Jesucristo...."

Dei Verbum No. 25

Esta es la actitud del discípulo de Jesús del tercer milenio.

Conocerla, orar con ella, meditarla, estudiarla, vivirla y predicar la Palabra de Dios, es la actitud del cristiano verdadero del siglo XXI.

Esta es la actitud del discípulo de Jesús del tercer milenio y *tú puedes ser uno de ellos.*
Como cristianos verdaderos los católicos tenemos que estar con «la Biblia en la mano».

4

UN SECRETO PARA NUESTRO TIEMPO

Dice un conocido refrán que cuando *«el gato anda de viaje, el ratón sale de paseo"*. Al parecer esto sigue ocurriendo muy frecuentemente, pues una queja constante en muchos es que hay mucha gente ayudando en la Iglesia pero necesitan que el coordinador esté presente para poder hacer las cosas ó para hacerlas bien, porque cuando sale o deja de 'motivarlos' tal como el ratón, pareciera que andan de paseo, pues ya no se hacen las cosas como cuando él está presente.

Incluso algunos suspenden sus actividades ordinarias el día que falta el coordinador, y su eficacia pastoral depende de la motivación constante de su encargado. Piensan que es totalmente necesario un constante aliento y ánimo de su superior para hacer las cosas bien. Casi lloran cuando ya no los visita tanto el sacerdote o su encargado y se desaniman tremendamente por la ausencia de alguien que los esté impulsando.

Si como cristiano quieres en verdad acelerar el Reino, hay que cambiar esta mentalidad que a muchos servidores de Dios se les ha puesto en la cabeza. Pues un buen cristiano no necesita que lo estén motivando para trabajar con entusiasmo; ni necesita que su encargado inmediato esté detrás de él para servir bien al Señor; ni mucho menos un capataz que lo esté regañando para empezar a querer mejorar las cosas.

No está mal el tratar de motivarlos, ni el hecho de que alguien los supervise, pero... el depender mucho de esto, lo que provoca es un infantilismo espiritual en muchos de quienes le sirven a Dios.

Si estás decidido a meter el acelerador espiritual tienes que disponerte y enseñar a otros que un requisito para poder lograrlo es el aplicar el consejo que nos da la Palabra de Dios en el libro de los proverbios:

> "Flojo, anda a ver a la hormiga, mira como se mueve y se hace sabia. En su casa ***no hay jefe, ni supervisor, ni mayordomo*** pero junta en verano provisiones, amontona su alimento en tiempo de cosecha".
>
> Prov 6,6

Este es uno de los grandes consejos de la Biblia para ser un auténtico cristiano. Hay que ser 100% responsable de lo que se nos ha encomendado tal como lo hacen las hormigas. Ellas no necesitan jefe, ni coordinador, ni supervisor que las esté empujando a trabajar.

Si un porcentaje de tu ánimo en el apostolado, en tu familia o en el trabajo depende de que te visiten, te motiven, te aplaudan etc. es porque tal vez no estés haciendo las cosas con la responsabilidad de quien le está sirviendo a Dios. Hay que gritar una y otra vez esta enseñanza de San Pablo:

"Cualquier trabajo que hagan, háganlo de buena gana, pensando que trabajan para el Señor y no para los hombres".

Col. 3,23

Formemos católicos con esta mentalidad y automáticamente estaremos con una de las características más importantes para ser cristianos de excelencia pastoral.

Quien hace todas las cosas para el Señor Jesucristo tiene un ánimo y decisión constante que lo empuja a ir siempre hacia adelante, buscando dar lo mejor de si mismo para Dios en todo lo que realiza. No necesita que lo estén motivando porque sabe que no hace las cosas para el sacerdote, ni para el obispo, ni para su coordinador, su jefe, ni para ningún otro hombre.

Mas bien, hace todo para el Señor Jesucristo a través de las personas que él dispuso como pastores en su Iglesia: la Católica.

Como el apóstol San Pablo dice:

"Su Señor es Cristo y están a su servicio"
Col 3,24

Recuerda constantemente el consejo de la Biblia: "Hagan todo como quien lo hace para el Señor".

5

SOMOS EL BUEN OLOR DE CRISTO

Sin duda que un llamado constante que todos estamos recibiendo y que acelera o incluso puede desacelerar el Reino de Dios, es la vivencia real de la santidad. El mundo de hoy está cansado de gente que habla de Dios y que al mismo tiempo con su testimonio demuestra lo contrario.

Urge cristianos: laicos, religiosas, sacerdotes y obispos decididos a abandonar la tibieza espiritual que aqueja a la sociedad moderna y que como polvo de tierra se nos pega en la Iglesia en su paso por este mundo. Que hagan de la santidad su gran ideal y de su testimonio personal el camino para lograrlo.

En el sínodo para América Mons. Charles Chaput, siendo Arzobispo de Denver en Estados Unidos, hizo una exhortación muy directa a los obispos reunidos y que también nos queda a todos nosotros: Sacerdotes, diáconos, religiosas y laicos.
Fue un mensaje muy concreto sobre cómo vivir y como no vivir la santidad. Él dijo:
"***Nuestra mejor predicación y nuestra mejor enseñanza es nuestro ejemplo personal. Creo que eso requiere de nosotros un cambio como individuos y como obispos. Nosotros los obispos necesitamos ser mucho más radicales en nuestra propia vocación cristiana***.
San Carlos Borromeo dijo una vez a sus sacerdotes: 'Asegúrense que primero predican con el ejemplo'. Demasiado a menudo, los que pertenecemos a la

Iglesia, incluso nosotros los obispos, sencillamente no creemos con suficiente profundidad y celo.
Necesitamos ante todo volver a ser sencillos. Con ello quiero decir volver a la simplicidad del Evangelio. Jesús amó la simplicidad porque eso le permitió comprometerse con los asuntos de su Padre. Creo que estamos en peligro de perder ese enfoque de asemejarnos a Cristo como obispos. Nuestro hemisferio se ha convertido en una cultura de ruido, confusión y complicación. Somos personas distraídas, tanto en el Norte como en el Sur, y ahora somos también una Iglesia distraída.
Tenemos planes, y comités de asesores y proyectos y funcionarios. Todas estas cosas son importantes en su debido lugar. Pero al final del día, ¿somos apóstoles... o ejecutivos? Y qué necesita realmente nuestra gente: ¿Gerentes... o pastores?

Mi preocupación es que las estructuras de la vida diocesana pueden apartarnos con frecuencia de lo que se supone que servirían: el contacto directo de un obispo con su pueblo.
Si queremos realmente la conversión, comunión y solidaridad para la Iglesia, debemos buscarlas primeramente dentro y entre nosotros mismos como hermanos.

Sólo Jesucristo es el camino a la vida eterna. Que nunca nos avergoncemos de su nombre, o nos disculpemos por el mensaje que predicamos y enseñamos. Deberíamos predicarlo a los cuatro vientos, no dejarlo a las sectas que no están bendecidas con la verdad completa que encontramos en nuestra fe Católica".

Ponencia en el sínodo para América

Más claro ya no se puede decir. Por eso si queremos acelerar el Reino vivamos el consejo del apóstol San Pablo:

Somos el buen olor de Cristo 2 Cor 2,15

Es por eso que el Papa Juan Pablo II en la carta apostólica Hacia el Tercer Milenio nos recuerda que:

"Es necesario suscitar en cada fiel un verdadero anhelo de santidad..."
No. 42 Tertio Millennio Adveniente

Diariamente tendríamos que preguntarnos: ***¿Qué olor desprende mi testimonio como hijo de Dios?***

No olvides que han sido solamente los santos los que en dos mil años de historia han acelerado el Reino de Dios: San Pablo, San Irineo, San Jerónimo, San Agustín, San Francisco de Asís, Santa Teresa de Ávila, San Ignacio de Loyola... cada cual en su tiempo empujó la historia hacia un mundo más cristiano.

En el tiempo que nos toca vivir tenemos dos opciones como cristianos respecto al Reino:

¿**O lo aceleramos con santidad** o
lo desaceleramos con anti-testimonio?

Soltero, casado, célibe, viudo, divorciado o hasta abandonado: ¿Cuál de las dos opciones escoges?

El llamado a ser santo es para ti. Si lo decides aceptar, ora constantemente pidiéndole a Dios el deseo y la gracia de caminar en santidad. No importa las veces que caigas, si en tu corazón está el deseo de vivir en santidad, te levantarás acudiendo al sacramento de la reconciliación y volverás a luchar una y otra vez junto al Dios de la misericordia. No te detendrás, ni te estancarás, porque Dios estará junto a ti. Asiste a la

Eucaristía y recibe el cuerpo y la sangre de Cristo para que mantengas una relación personal con él.

Hoy, urge que tengas «el valor y coraje de ser católico». Pues como alguien sabiamente lo dijo:

> **«El Evangelio no fue hecho para los cobardes ni para los mediocres, sino para los valientes».**

Dile una y otra vez en oración:

Padre bueno, pon en mí el deseo de luchar constantemente por vivir en santidad. Lánzame y úsame Señor para acelerar tu reino dando un testimonio de vida que atraiga gente hacia ti. Quiero acelerar tu Reino siendo el «buen olor de tu Hijo Jesús» para los demás. Gracias Señor. Amén.

6

EL CERILLO(FOSFORO) SOY YO

Cuando se quiere hacer una «carne asada» o barbacoa se necesita llevar la carne, el asador, el carbón, los platos, la sal, el aderezo, las sodas, las sillas etc. Pareciera que ya está todo listo pero falta algo sin lo cual no puede haber carne asada ni convivencia.

Sencillo pero significativo: "El Cerillo". Sin el fósforo encendido no hay brasas encendidas, ni carne asada ni nada. La carne no es por sí sola, que se calienta y se "asa". Si está fría no hay problema, pues para eso tenemos las brasas y el cerillo.

En la fe pasa algo similar. Hoy en día hay muchos que no han descubierto algo fundamental: "El Cerillo soy yo". Claro. Por eso Jesucristo escogió solamente a doce y los mandó a ser luz del mundo.

"Ustedes son la luz del mundo. No puede ocultarse una ciudad situada en la cima de un monte."
Mt 5,14

Hoy muchos se quejan de que las cosas no funcionan bien y culpan al materialismo por la poca asistencia a misa; al dinero por la falta de interés; a los deportes por la indiferencia; al hedonismo por la falta de vocaciones y hasta al diablo por la falta de entusiasmo, asistencia, compromiso y perseverancia de la gente.

Yo creo que a veces el diablo ha de estar en una esquina del salón con la cabeza agachada y entristecido diciendo: "todo yo, todo yo, todo yo..." Lo anterior son excelentes pretextos que no fallan para culpar a otros.

Ser «cristiano con coraje» es asumir la responsabilidad de que el "cerillo soy yo" y que si las brasas no encienden y no hay carne asada **es porque yo no estoy lo suficientemente encendido para encender y quemar a otros.**

Aceptar que tengo que orar y convertirme más a Dios. Clamar al Señor para que derrame en abundancia su Espíritu sobre mi y me queme para poder incendiar a otros; Aceptar que necesito estudiar más sobre mi fe; Aceptar que tengo que ser más creativo para atraer gente para Jesucristo; aceptar que necesito prepararme más para lograr que perseveren, etc.

El fósforo soy yo y no la gente. Jesucristo a ti y a mí nos ha puesto como "cerillos" para iluminar. ¿Si la gente realmente fuera fría entonces por qué están creciendo las sectas? La razón está en que tenemos que revisar nuestro "carácter" de vida cristiana.

El "Cerillo" eres tú y en este libro deseo compartirte de todo corazón algunas pistas para que estés más encendido y puedas quemar e incendiar espiritualmente a lo que está a tu alrededor.

No culpes al materialismo por la falta de vocaciones, al secularismo por la poca asistencia a misa; a la drogadicción por la escasa respuesta de los jóvenes; a las sectas por el enfriamiento de la fe y a Estados Unidos por la miseria de América Latina...

¿Acaso cuando la Iglesia creció en los primeros siglos no hubo oposición, ateísmo e indiferencia? Por supuesto que si, hasta persecuciones y mártires hubo. A pesar de eso, fue uno de los mejores tiempos de la Iglesia, pues iba creciendo en cantidad y en santidad.

El cerillo eres tú y si alrededor tuyo no están encendidos, tú eres el que los debe de encender. Conviértete tú en un testimonio vivo del poder de Dios. Como lo dijo el Papa Francisco:
«El hombre de nuestro tiempo necesita **una luz fuerte** que ilumine su camino y que sólo el encuentro con Cristo puede darle".

Entonces, si las cosas no están como tú lo quisieras, quémate más:

- Dobla más tus rodillas para orar.
- Sé más humilde en tu servicio.
- Ten más celo apostólico.
- Conviértete más a Jesucristo.
- Sufre más por amor al Reino.
- Platica más con tus ovejas.
- Sé más santo.
- Prepárate mejor para tu predicación.
- Busca primero el Reino de Dios.
- Ten calma con los que te rodean.
- Lánzate a usar los medios de comunicación.
- Sé un verdadero pastor.
- Juega y relaciónate más con tus hijos.
- Escucha más a tu pareja.

- Confiésate y comulga con más frecuencia.
- Sé más disciplinado
- Lanza las redes mar adentro.

Ten el coraje de los santos... todo esto es quemarte más.

Si quieres acelerar el Reino diariamente hay que decir:

«El Cerillo: Soy yo»

II

Cristianos de Excelencia

1

LA EXCELENCIA CRISTIANA

La sociedad de hoy en día y mas específicamente la industria, maneja como algo de gran importancia el control de calidad. Hablan de programas de 'calidad total', 'control permanente de calidad', 'programas de mejoramiento continuo' etc. y también de normas de calidad ISO-9001, QS-9000... todo con el objetivo de implementar mecanismos que los lleven a manejar excelentes productos de calidad, pues están seguros que esto les redituará beneficios en todos los aspectos a corto, mediano y largo plazo.

Sobre este aspecto hemos hablado con algunos hermanos católicos que en su trabajo desarrollan esos programas u otros afines y comentan con tristeza que desgraciadamente en la Iglesia parece que navegamos por el lado contrario. Allá es una búsqueda constante por mejorar y en la evangelización todavía es común escuchar a servidores con las siguientes frases:

- No te preocupes, tú solamente échale ganas.
- Haz lo que puedas, no te metas en problemas.
- Ay como salga, lo importante es hacer algo.
- Así está bien, de todas maneras, ni agradecen.
- Algo es algo dijo el calvo.
- No te fijes, ni cuenta se dieron de que falló algo.
- No hay que ser perfeccionistas, ni que fuera el trabajo.
- Que vengan al curso los servidores que quieran, aquí nada es obligatorio.

Pareciera que el estándar o norma de calidad del apostolado fuera el "más o menos" o el "Ay como salga", o de plano como dicen en México: Me salió dos, tres; dos, tres; lo cual es totalmente anti-cristiano.

Si hay alguien que tiene que estar interesado en la Excelencia integral y en la calidad total Tendríamos que ser nosotros.

Cuando comprendamos que estamos sirviendo a Nuestro Señor Jesucristo(Col 3,23) y que él nos llama a ser perfectos(Mt 5,48), entonces cualquier apostolado que hagamos, tendríamos que estar cuando menos viendo la manera de que cada día fuera mucho mejor.

No olvidemos que estamos sirviendo Al Rey de Reyes y Señor de Señores, que así como rechaza la mediocridad en la conversión cuando nos dice que o "somos fríos o somos calientes"(Ap 3,15) así seguramente también espera que demos lo mejor de nosotros y de los recursos técnicos para su Reino.

La excelencia es una actitud fundamentalmente cristiana y la calidad total sería como su acompañante inseparable. Necesitamos en este tiempo a servidores llenos de Dios pero que al mismo tiempo hagan su apostolado con profesionalidad.

Misioneros que busquen dar lo mejor de sí mismos para Dios.
Coros que se preparen como quien sirve al Señor.

Defensores de la fe capacitados con la seriedad que se merece Jesucristo.
Ministerios dispuestos a una mejora constante de todas sus actividades.
Evangelizadores que en la calidad del servicio, testifiquen a quien están sirviendo.
Religiosas que consagradas a la perfección de la caridad, perfeccionen su actividad apostólica.
Lectores que estudien y lean con capacidad la Palabra de Dios.
Catequistas que no improvisen lo que darán en su clase.
Trabajadores que busquen hacer excelente su labor y se distingan por su alto grado de excelencia y responsabilidad.
Coordinadores deseosos de mejorar siempre su apostolado.
Sacerdotes decididos a vencer la rutina, preparando todo, como quien sirve al Señor.
Obispos que hagan de la Excelencia pastoral su gran ideal.

Estamos llamados a ser cristianos de excelencia total.

El llamado de Jesucristo es para cada día y para cada área:

«Sean perfectos como su padre de los cielos es perfecto».
Mt 5,48

2

LOS ESPECIALISTAS DEL MAÑANA

Cuando se tiene la oportunidad de visitar diferentes comunidades, uno tiene la impresión de que muchas parroquias parecieran ser nuevas pues hay mucha gente colaborando pero pocas, muy pocas, que sean especialistas en algo.

El hermano tiene seis o más años de estar sirviendo en la Iglesia, pero... dos años fue catequista, tres estuvo en el coro y otro año ayudó en la evangelización. Sin duda que ésta es una de las grandes tentaciones del servidor de hoy en día: ayudar en todo y no especializarse en nada, o como decimos en México "a todo le tira y a nada le pega". Es el «mil usos espiritual».

Lo lógico es que en muchas diócesis hubiera especialistas laicos en liturgia, catequesis, evangelización, apologética, pastoral, mariología etc. Pero eso no está sucediendo.
Especialistas que tuvieran la capacidad de profundizar en su área, capacitados para escribir, investigar, dar conferencias y talleres, y hasta salir a darlo en varias ciudades.

Lo que sucede mas bien es que nos la pasamos brincando de un servicio a otro como si no hubiéramos descubierto nuestra vocación a un determinado ministerio y cayendo en un servicio '***mil usos***'.

Nos convertimos en ***servidores pato*** porque:

El Pato hace las tres cosas: corre más o menos, pero no como los animales terrestres; nada más o menos, pero no como los peces y vuela más o menos pero nunca se compara con las demás aves. Hace las tres cosas pero en ninguna es experto.

Igual pasa al servidor que en la parroquia es del coro y el siguiente día es lector, baja corriendo y se pone la camisa de ministro extraordinario de la Eucaristía y el mes que entra es evangelizador y clausura el año siendo el sacristán. Para colmo después de todos estos "saltos" de ministerio termina contento porque la gente dice: "mira que entregado es el hermano al servicio de Dios". Cuando la realidad mas bien es *que a todo le tira y a nada le pega*.

Una de las grandes aportaciones de la sociedad moderna son los especialistas en todos los campos sea científico, tecnológico o humanístico: urólogos, filólogos, epidemiólogos, astrofísicos, bacteriólogos, sociólogo religioso,... y un sin fin de especialidades que sin ellos este mundo no sería lo mismo. Y en la Iglesia, ¿Dónde están los especialistas laicos?

San pablo cuando explica sobre los dones comenta lo siguiente:

¿Acaso son todos apóstoles? ¿Son todos profetas? ¿Son todos maestros? ¿Pueden todos hacer milagros?"
1 Cor 12,29

No se puede ser todo al mismo tiempo, hay que descubrir los dones que el Señor nos ha dado para poder enriquecer el cuerpo místico de Cristo que es la Iglesia. Ora, discierne, medita y lánzate a vivir y profundizar en la vocación que el Señor te esté llamando.

No saltes de aquí para allá y aprende a decir no. **Se fiel a tu vocación y concentra todas tus fuerzas y cualidades de ahora en adelante. Ve alineando tu tiempo, tesoro y talentos en función del llamado que Dios te ha hecho y no permitas que nada te distraiga de ello.**

No te pierdas entre tantas necesidades pastorales y únete a una nueva generación de servidores católicos de excelencia. Aprende a decir ¡No!

El futuro de la Iglesia es más esperanzador si contamos con este tipo de servidores, ellos serán los especialistas del mañana.

3

LA AMBICION ESPIRITUAL

Por diferentes circunstancias y variadas razones, los católicos, incluyendo muchos servidores, hemos desaparecido de nuestro vocabulario religioso cotidiano algunas palabras. Entre ellas cabe destacar: astucia, conquistar, defender, combate, ambición espiritual etc.

Esto en la pastoral ha tenido consecuencias poco agradables pues la persona proyecta su vivencia personal de fe en todo lo que realiza. Aquí nos enfocaremos a meditar sobre la expresión: **Ambición espiritual.**

En nuestra oración diaria pedimos paz, fuerza, fe, esperanza, etc. pero son muy pocos quienes piden ambición. El significado negativo que comúnmente le da la sociedad a este término hizo pensar a muchos que el ser ambicioso siempre era algo malo y negativo, cuando en realidad no es así.

Si actualmente hay una prioridad cristiana es el de valorar la "ambición espiritual" como algo fundamental para la edificación de la Iglesia y el crecimiento del Reino de Dios.

Hay mucho conformismo por falta de coraje y de garra. Tiene

500, 1000 o 2000 personas en la parroquia y ya se siente realizado cuando en la misma parroquia hay miles que no asisten ni a misa.

Falta ambición cristiana en lo personal, en lo familiar, en lo laboral y en lo eclesial. Una sana ambición que sea el impulso fundamental de lograr lo máximo para Dios. Una ambición que nos haga tener metas grandes y al mismo tiempo realistas; ***Que nos encienda para soñar con lo imposible para el hombre, pero posible para Dios;*** Que nos marque con el sello de los hijos de Dios que están constantemente siguiendo el mandato de Jesús:

"Sean perfectos como es el Padre de ustedes que está en los cielos"
Mt 5,48

Esta es la sana ambición que Jesucristo quiere que tengamos como servidores suyos, ambición, no de poder, ni de dinero, ni de cosas materiales sino de perfección cristiana. Una persona así, tarde o temprano termina por encender a otros de sus ideales y contagia a su alrededor por estar siempre en una actitud constante de superación, buscando siempre el ideal del Evangelio.

No lo olvides: **Los cristianos no podemos ser mediocres.**

Digámoslo de una manera más sencilla: Si tú en el apostolado tienes como meta alcanzar 60 y consigues la mitad lograrás 30, en cambio si le tiras al 100 y consigues también la mitad tendrás 50. Si tus expectativas evangelizadoras son pobres, tus resultados serán pobres, en cambio si tus expectativas son altas aun consiguiendo la mitad los resultados serán mucho mejor. Hay que luchar por el doble, triple o más en calidad y cantidad. Al conseguirlo volver a pensar en crecer.

En la Evangelización hay que tirarle a lo grande pues los grandes santos a fin de cuentas fueron unos eternos inconformes. Sí. Solamente quien está inconforme es quien hace algo por superar esa situación, el otro no, el mediocre es capaz de pensar que Dios quiere que las cosas salgan así y que también quiere que seamos pocos.

Además, el tener expectativas cristianas altas nos hará modificar nuestra estrategia y planes pues éstos estarán en función de unas metas mayores.

Personalmente lo hemos confirmado una y mil veces: No se trata de ser perfeccionista, pues eso es cansarse y cansar al otro. Mas bien se trata de estar consciente y ambicionar la perfección que Jesús nos marcó; eso es llevar una vida de excelencia cristiana.

Cuentan que en una ocasión un señor llegó al templo y su oración era así:

Señor dame cien dólares porque estoy apurado, así pasó una hora y dos horas. Llega y se coloca en la parte de atrás otro hombre que después de estar oyendo al de adelante cansado lo mueve y le dice: ¿cuánto está pidiendo? cien dólares señor -bueno contesta el otro- tenga sus cien dólares y váyase, no me distraiga a Dios porque yo le estoy pidiendo 10,000 dólares...

Quien piensa y ora en poco termina en lo poco. Quien piensa y ora en grande termina en grande.

Cuestión de expectativas cristianas:

¿Cuáles son las tuyas?

4

LA FE QUE NO SE PROPAGA SE APAGA

Hay épocas del año en las que algunos lugares por ser zonas de mucha vegetación o con bosques, son muy propensos a que haya incendios.

Hace poco sucedió que al mismo tiempo en diferentes países hubo grandes desastres naturales por los incendios forestales.
Es ahí donde una de las estrategias que usan para extinguir el fuego consiste aumentarlo hacia una determinada área. Su meta es que se queme lo que está dentro pero al llegar al límite de esa zona y no poder extenderse, terminará por apagarse.
Su razonamiento lógico y con fundamento es que si el fuego ya no tiene nada que consumir, por sí sólo se irá apagando. Eso es exactamente lo que sucede, pues al no tener material para la combustión no puede extenderse y empieza a extinguirse.

En le fe sucede algo muy similar a lo que pasa con el fuego:

LA FE QUE NO SE PROPAGA SE APAGA

Es apremiante que como auténticos católicos estemos en una constante actitud de buscar extender la Buena Nueva, pues de no hacerlo seremos una comunidad más de las que se apagan por sí solas al perder el fuego misionero del Espíritu Santo, cerrando iglesias en vez de abrir nuevas. La Iglesia es esencialmente misionera y es una de sus razones principales de existir.

Aclaramos que cuando decimos misionar no estamos pensando en las misiones en África o en Asia. No. Aquí estamos hablando de misionar nuestro barrio o colonia, nuestros pueblos, nuestros ambientes de trabajo, las escuelas, los vecinos, los camiones, los parques, los hospitales...

Como el Papa Francisco lo ha dicho:

"La Iglesia **está llamada a salir de sí misma e ir hacia las periferias, no solo las geográficas, sino también las periferias existenciales**: las del misterio del pecado, las del dolor, las de la injusticia, las de la ignorancia y prescindencia religiosa, las del pensamiento, las de toda miseria". Y añadió que "cuando la Iglesia no sale de sí misma para evangelizar cae en un narcisismo y entonces se enferma".

Muchas comunidades parroquiales o movimientos se están apagando porque al igual que el fuego: 'la fe que no se propaga se apaga'. Hay que salir mucho más a predicar la Buena Nueva y no estar solamente engordando en lo espiritual, recibiendo pero sin salir a dar. Si tu ministerio, movimiento, parroquia o tú vida personal se está enfriando pregúntate qué tanto estás misionando.

La Biblia nos dice que el día de Pentecostés el Espíritu Santo descendió sobre la Iglesia en forma de lenguas de fuego:

"Cuando llegó el día de Pentecostés, estaban todos reunidos en el mismo lugar. De repente vino del cielo un ruido, como el de una violenta ráfaga de viento, que llenó toda la casa donde estaban, y aparecieron unas ***lenguas como de fuego*** *que se*

repartieron y fueron posándose sobre cada uno de ellos".

Hech 2,1-3

Esto es lo que Dios espera de nosotros, ser un fuego que consuma todo a su alrededor. Propagar la fe debe ser una de las prioridades principales en tu vida. Planear distintas actividades misioneras a nuestro alrededor es signo de la vitalidad cristiana de nuestra fe. Viento y fuego del Espíritu es la mejor combinación para nunca extinguirse, haciendo crecer la Obra del Señor. Después de recibir el fuego de Dios los apóstoles salieron a predicar y eso es lo que tenemos que hacer nosotros. Hazlo en las calles, parques, plazas, autobuses, radio, televisión, periódico, hospitales, cárceles, escuelas etc. eso es vivir el cristianismo de una manera real.

Claro que esto no hay que hacerlo como algunos lo están haciendo "una vez al año" pensando que esto ya es ser misionero. ìNo! **El predicar a otros para extender el fuego tiene que ser constante** ya sea formalmente: de una manera organizada, mediante retiros, encuentros, misiones, campañas, vacaciones para Cristo, campamentos... o informalmente en donde trabajamos, estudiamos o en cualquier lugar donde nos encontremos.

Este es el estilo de Dios. Lo recuerdas llamando a Moisés:

"Entonces fue cuando el ángel de Yahvé se presentó a él, como una llama ardiente en medio de una zarza. Moisés estuvo observando: la zarza ardía pero no se consumía"

Ex 3,2

Decídete a ser un católico que **busca extender el fuego, para nunca apagarse.**

SOLO QUEMANDO ES COMO EL FUEGO LOGRA PERMANECER ENCENDIDO

5

AMAR HASTA QUE DUELA

En un viaje por autobús, escuché una plática que me ayudó a reafirmar y comprender mejor una cualidad indispensable para ser un verdadero cristiano en nuestro tiempo.

Un señor que iba sentado cerca del chofer se puso a platicar con él y le decía:
Te imaginas, qué bueno sería que en vez de enfermarnos mejor las enfermedades se vendieran en algún lugar – ojala y si - contestó el otro - así yo iría y le diría:
¿Qué tiene para hoy? - me contestarían - pues mire, hoy tenemos gripas, sarampión, tos, cáncer... ¿qué desea llevar? - yo contestaría - Me da una 'gripe' por favor. mmh ...y dos para llevar. Ahh, pero que sean light por favor.

Al reflexionar sobre esto me puse a pensar que esa charla era simplemente el reflejo de la sociedad de hoy en día. Sin duda que si las enfermedades se vendieran los hospitales no estarían llenos de enfermos sino de compradores, pues hoy todo mundo está buscando la forma de sufrir menos.

Ese es el gran problema del ser humano y del cristiano de hoy en día. Nadie quiere sufrir y se nos olvidó que algo esencial en el cristianismo es el valor redentor del sufrimiento:

"El que quiera seguirme tome su cruz y sígame"
Mc 8,34

Sin sufrimiento no hay salvación, el mismo Jesús nos puso el ejemplo con su propio dolor.

Si queremos ser fieles servidores de Dios no hay forma alguna donde quede fuera el dolor. La sociedad aquí navega por el rumbo contrario y es fácil dejarse engañar. ***El grito de moda es la COMODIDAD***. Entre más cómodo esté uno es mejor, pasar incomodidades o sufrimientos es algo inaceptable. Hay que evitarlo siempre que se pueda.

1.- Si tienes una televisión, compra una con control remoto.

2.- Ahora compra una que tenga 'sleep' y se apague sola. No te fatigues.

3.- Si tiene lavadora, cómprese una secadora. Si ya la consiguió, ahora busque un robot que le planche la ropa.

Hoy la gente quiere sentir bonito y con comodidad, si no, piensa que no vale. Con estas ideas se entra a la Iglesia y si se trata de sufrir por los demás es donde muchos lo piensan más de una vez. Hasta se han inventado una secta religiosa llamada «pare de sufrir».

Como lo mencionó el Obispo de La Cordillera en Asunción, Paraguay, Obispo Mons. Claudio Jiménez, que criticó la actitud facilista de varios sectores de la sociedad que evitan asumir sus responsabilidades y se dejan llevar por lo cómodo antes que cumplir sus obligaciones.
«Antes de convertirnos en héroes de la vida diaria somos los cómodos de la vida diaria, porque nos gusta la comodidad y el triunfo y sufrimos cuando fracasamos. Somos débiles ya que no queremos afrontar las dificultades y huimos de la coherencia de vida porque le tenemos miedo a la cruz».

Es la ***anorexia espiritual*** que tanto daño hace en la vida social y espiritual. Si en la anorexia física el que no siente ganas de comer no come, en la anorexia espiritual sucede algo similar:

- No siente ganas de ir al grupo y no va.
- Hoy no siente ganas de orar y no ora.
- No tiene ganas de ir a la comunidad y no asiste.
- Ahora no siente a Dios y ya no va al ministerio.
- No siente gusto al leer la Biblia y la liturgia de las horas y no la lee.
- Ya no siente el querer ayudar al prójimo y no lo hace.

Para algunos no vale lo que no se siente bien. Me pregunto de dónde sacaron esta idea tan anti-cristiana. Porque con seguridad de la Biblia no lo hicieron.
Si en el plano humano vale aunque no se sienta, con mayor razón en el plano religioso. Claro que vale lo que hacemos en la vida espiritual, se sienta o no se sienta, eso es lo de menos.

¿Por qué en la vida común no pensamos así y en lo religioso si? ¿Acaso siempre sentimos bonito cuando vamos a trabajar? Y en tiempo de exámenes los alumnos dicen: «Ah que rico, que sabroso que ya llegaron los exámenes».
Y las señoras cuando van a planchar dicen: «Que ricura el planchar, mándenme otras tres docenas y tómenme una foto planchando para tener un bonito recuerdo de mi vida».

Claro que nadie va a decir eso. A cientos de personas le hemos hecho la misma pregunta y no sienten bonito, pero lo hacen y vale. Eso es lo importante.

Si queremos que el Señor nos use fuertemente en su obra hay que decidirnos a SUFRIR:

- Para misionar y salir a las calles.
- Para estudiar la Palabra con empeño.
- Para visitar a los grupos.
- Para pasar vergüenzas por su causa.
- Para perseverar en las pruebas.
- Para ser profetas en medio de aduladores.
- Para seguir motivado en medio del desinterés.
- Para predicar cuando no quieran escuchar.

Urgen cristianos capaces de sufrir por amor al hermano. Que sientan el dolor ajeno como algo suyo. Que comprendan que Jesús dijo vengan a mí los cansados, no dijo vengan a mí los descansados. Si usted está cansado por el servicio, FELICIDADES. Siga adelante, que ése es el camino de los siervos de Dios.

Cuando alguien le preguntó a la santa de este siglo, a la madre Teresa de Calcuta, que hasta dónde debíamos amar, ella simplemente señaló el camino a seguir de un cristiano de Excelencia y contestó:

«Hay que Amar hasta que duela»

Por algo Jesús dijo:

«No hay amor más grande que este: dar la vida por sus amigos»
Jn 15,13

Un excelente ejemplo de lo que es «cansarse» por el Reino, fue el Papa Juan Pablo II. En 25 años de pontificado estas fueron algunas de las razones de su cansancio:

- Número de viajes fuera de Italia: 100
- Número de viajes en Italia sin incluir Roma: 140
- Beatificaciones: 1,282 y Canonizaciones: 456
- Número de naciones visitadas: 130
- Número de ciudades visitadas: 614
- Número de discursos fuera de Italia: 3,430
- Discursos en su Pontificado: 20,341
- Documentos: 13 encíclicas, 13 exhortaciones apostólicas, 11 constituciones apostólicas, 41 cartas apostólicas...
- Número de audiencias generales: 1,218
- Asistencia a las audiencias generales: 16,930,200.
- Total de kilómetros recorridos: 1,840,607, es 28.3 veces la vuelta a la tierra, es 2.97 veces la distancia entre la tierra y la luna.
- Pasó por 6 operaciones.
- Tuvo artrosis en una pierna que le dificultó su movilidad.

A pesar de ello no se quejó y siguió adelante, sufriendo como un buen servidor de excelencia pastoral.

Todo sea por dar a conocer el testimonio del amor de Dios a los hombres. En su último viaje a Bulgaria le preguntaron acerca de su posible renuncia. El respondió: ***«SI Cristo hubiera bajado de la Cruz, yo tendría derecho a renunciar...»***

Así que, el que no quiera sufrir por el Reino, mejor que se quede en su casa, porque aquí, es una condición indispensable.

Este tipo de servidores son muy valiosos, **la sociedad los necesita y Dios los exige.**

6

El EXITO ES 50% ACTITUD Y 50% APTITUD

En el campo de la evangelización pasa algo semejante a lo que se vive en las demás áreas: No siempre las personas más capacitadas y con un alto grado de estudios son los que triunfan en la vida. Uno esperaría que aquel joven que fue a la universidad y mostró un alto grado de coeficiente intelectual lógicamente será un triunfador, pero resulta que el que sale adelante con mayor éxito y con más facilidad no es éste, sino el otro que se mostró con menos capacidad.

También pensamos que aquel señor que tiene más más conocimiento de la fe será un buen líder en la Iglesia y sucede lo contrario. ¿Por qué pasa esto? Diferentes estudios e investigaciones se han realizado sobre esto, siguiéndoles las huellas a personajes que han sobresalido en la política, religión, ciencia, y en el mundo de los negocios. Una de las conclusiones a la que han llegado, es que en gran medida el éxito que tuvieron estas personas dependió ***más de las actitudes que tuvieron que de sus aptitudes.***

Expliquemos bien estos términos que suenan muy similares pero son muy diferentes:

Cuando nos referimos a las aptitudes estamos hablando de la capacidad intelectual, física y emocional con las que se cuenta para realizar un trabajo. En cambio cuando mencionamos las actitudes hablamos de cómo esta persona manifiesta su «estilo» de manejar el trabajo que desempeña, de su carácter para superarse y enfrentar los problemas que salen a su encuentro.

APTITUDES
*Nivel de estudios
*Cualidades mentales *Habilidades técnicas *Conocimiento de su trabajo *Especialización en su materia *Experiencia en el ramo *Idiomas que habla *Manejo de información *Optimización de los recursos

ACTITUDES
+Liderazgo +Responsabilidad +Superación constante +Entusiasmo +Capacidad motivacional +Compañerismo +Adaptación a lo nuevo +Visión de conjunto +Involucra a las personas +Iniciativa propia +Espíritu de sacrificio

Aptitudes sin actitud es un desperdicio, actitud sin aptitudes es una confusión.

Como servidores de Jesucristo hay que conseguir el equilibrio en ambas cosas, pero sin duda que si hay algo urgente en la Iglesia de nuestro tiempo es el desarrollo de las actitudes para ser verdaderos cristianos. En la historia de la Iglesia no todos los grandes santos fueron grandes sabios, pero todos fueron unos gigantes en **actitudes** de liderazgo cristiano de excelencia. Ejemplo de esto son:
San Pedro, San Francisco de Asís, El Cura de Ars... y en nuestro tiempo la madre Teresa de Calcuta.

De ahí que, de alguna manera, cuando el Papa Juan Pablo II nos anima a realizar una Nueva Evangelización habla de que esta tiene que ser:

- Nueva en sus métodos (*aptitud y actitud*)
- Nueva en su forma de expresión (*actitud y aptitud*)
- Nueva en su ardor (*actitud*)

Seamos protagonistas de esta Nueva Evangelización formándonos con actitudes de auténticos cristianos. Este **es un reto** que tú también puedes tomar.

7

ROMPIENDO CIRCU LOS COMO MOISES

El libro del Éxodo en el capítulo tres versículo uno, nos narra un pasaje sobre la vida de Moisés que ilumina a la perfección una de las cualidades principales que debe tener el servidor cristiano de excelencia:

> *"Moisés cuidaba las ovejas de Jetró, su suegro, Sacerdote de Madián. Una vez llevó las ovejas* ***muy lejos*** *en el desierto y llegó al cerro de Horeb, esto es, el cerro de Dios. Entonces fue cuando el ángel de Yahvé se presentó a él, como una llama ardiente en medio de una zarza... Yahvé vio que Moisés se acercaba para mirar y Dios lo llamó de en medio de la zarza..."*
>
> Ex 3,1

Moisés, el que sería el gran libertador del Pueblo de Israel se encontraba en este momento de su vida como un pastor solamente. Para que Dios le llamara a ser su mensajero y fuera a liberar a su pueblo de la opresión del faraón, lo primero que tuvo que pasar fue que un día Moisés se atrevió a ir muy lejos en el desierto.

El día que se le ocurre ir **muy lejos** es cuando Dios se le aparece en medio de la zarza y se encuentra con él recibiendo un mensaje que no alcanza a comprender.

Cuando este hombre va **más allá** de lo ordinario o normal en su vida es cuando recibe el llamado de Dios. El momento cuando por fin **rompe el círculo** de lo cotidiano y deja de hacer lo mismo de siempre es cuando ya está listo para «perderse» y para convertirse en el gran libertador.

Este el momento que Dios esperaba para enviarlo a romper la esclavitud de su pueblo y dar el gran cambio en la vida de Moisés.

> Ser un cristiano de Excelencia es estar dispuesto a romper todos los círculos de estancamiento que se formen a nuestro alrededor.

La gran tentación para todos aquellos que somos servidores en la Iglesia es el de hacer círculos de seguridad a nuestro alrededor y de ahí no nos queremos salir por nada. Normalmente empezamos a decir:

- A mí no me dejen los niños, sólo ayudo con los adultos.
- Yo les ayudo, pero no me pasen al frente porque eso no puedo hacerlo.
- Si quieren doy un tema pero déjenme el amor de Dios. Al siguiente retiro da el mismo y cinco años después... sigue con amor eterno.
- Yo sirvo pero en la cocina, cantar y dar temas nunca.
- Sí predico en el encuentro, pero hacer visitas por las casas no, porque nunca las he hecho.
- Cantar en la Misa sí, pero hacer las lecturas ni me lo pidas.

- Ir al radio o a la televisión... no gracias mejor dile a otro, me estoy acordando que tengo un viaje de dos meses a Nueva York.

Así podríamos ir aumentando la lista de círculos que empezamos a hacer a nuestro alrededor. Por eso muchos hermanos en la Iglesia y en la sociedad se han estancado después de un tiempo de ir avanzando.

Recuerda que si quieres ser usado en abundancia por Dios tienes que romper el círculo de lo ordinario una y otra vez. Dios no llamó a Moisés hasta que se decidió a tomar esta actitud. En la pedagogía de Dios, él solamente le da más a quien va más allá de lo normal y más allá de sus posibilidades.

La razón es muy simple. ¿Para qué Dios te va a dar dones, carismas o cualidades si no los vas a usar para extender su Reino? Si tú das un paso, él te da un equipo para este nuevo servicio, si das dos pasos, él te da más y si das muchos, él te sigue equipando para cumplir con tus nuevas responsabilidades.

En realidad **dentro de ti hay un Moisés que Dios está esperando despertar pero la condición es que hoy y cada día vayas más allá de lo que estás haciendo normalmente y que estés dispuesto a pasar miedo, nervios o vergüenza por causa del Reino de Dios.**

Comúnmente mucha gente nos pregunta durante el curso que cómo le puede hacer para ya no tener miedo ni ponerse nerviosa en su apostolado. La respuesta que siempre les doy es:

"No es malo si tiene nervios, al contrario, que bueno que le esté pasando eso, porque es señal de que está rompiendo su círculo tal como Moisés."

Preocúpate si al leer estas páginas tú ya no sientes nervios ni miedo ni vergüenza en tu apostolado, es seguro que tienes meses o años repitiendo lo mismo y ya convertiste la gran aventura de la Evangelización en un camino trillado y aburrido. Ya hiciste tu círculo.

Cambia eso de una vez por todas y lánzate una y otra vez haciendo aquello que no te gusta o no te crees capaz de hacerlo. Notarás como Nuestro Señor Jesucristo hará de ti un nuevo Moisés para tu tiempo y tu comunidad.

Rompiendo círculos, al estilo de Moisés es como surgirán cristianos de excelencia pastoral que el Señor está necesitando hoy en su Iglesia, la católica, para extender su Reino.

III

Decálogo del Servidor

1

Para seguir una guía de cómo hacer la voluntad de Dios uno de los caminos más seguros es el cumplir con los Diez Mandamientos. Caminar a través de ellos es ir por senda segura. La Iglesia toma el Decálogo del Antiguo Testamento y lo ve a la luz de la Nueva Alianza donde el maestro principal y plenitud de la revelación es Jesucristo. Así los reformula para dárnoslo de una manera plena y cristiana para formarnos como discípulos de Cristo.

Al ir por diferentes lugares impartiendo charlas, conferencias o cursos vemos las comunidades y a partir de ahí el Señor nos ha descubierto qué actitudes fundamentales hay que seguir para tener el carácter de un servidor del Señor. Si los Diez mandamientos sirven para formar a un buen discípulo, hoy quisiera compartirte, para más facilidad, a forma de Decálogo, los Diez mandamientos para ser un católico «con coraje».

Primer mandamiento
El BOLETO IN DISPENSABLE

Generalmente cuando el avión inicia el vuelo, la azafata o sobrecargo, da las instrucciones básicas sobre lo que hay que hacer en caso de alguna falla o emergencia. Una de las indicaciones, que a primera vista parece muy curiosa, es cuando se señala que en caso de una despresurización o falta de oxígeno en el avión, de la parte superior de donde uno está sentado caerán unas mascarillas para que inmediatamente uno se la coloque en la nariz y boca.

Hasta este momento todo suena muy normal, pero después agrega y enfatiza que en caso de traer algún niño, **lo primero** que hay que hacer no es ponérselo al niño sino **ponérselo uno** como adulto y después colocársela al pequeño.

Curioso, pero lógico e indispensable. Pues si lo hiciera al revés, es muy probable que por querérsela poner al niño primero, en unos segundos el adulto se vea afectado por la falta de oxígeno y ni el niño ni el adulto lograrán ponérselo con las debidas consecuencias.

En nuestra vida pasa algo similar. El Reino se acelera **si antes de querer ponerle oxígeno al otro me lo pongo yo.** Esa es una condición para ser un cristiano con eficacia. Yo soy el que debo colocarme la mascarilla para respirar fe antes de querer compartirla; respirar perdón antes de enseñarlo; Respirar a Jesucristo antes de predicarlo; Respirar paz y liberación antes de llevarla... **estar convencido yo, antes de querer convencer a los demás.**

Tú vas a atraer a cientos ó a miles de personas a los pies de Jesucristo a su Iglesia en la medida en que respires, plenamente convencido, todo lo que quieras compartir.

Cuando en el libro de los Hechos de los Apóstoles se narra que estaban buscando al que iba a ocupar el lugar de Judas, el requisito para formar parte de ese equipo fue el siguiente:
"Tenemos, pues, que escoger a un hombre de entre los que anduvieron con nosotros durante todo el tiempo que el Señor Jesús actuó en medio de nosotros, desde el

bautismo de Juan hasta el día que fue llevado de nuestro lado. Uno de ellos deberá ser, junto con nosotros, testigo de su resurrección."

Hech 1,21-22

El boleto de entrada a ese equipo, ayer y hoy, es el de ser "testigo" de la resurrección. *Tú y yo* haber visto, tocado, oído a Jesús (1 Jn 1,1). Hoy sigue siendo una condición indispensable si quieres acelerar el Reino en tu casa, en la Iglesia o en tu alrededor.

Quien no lo haga así, corre el riesgo de llevar su ministerio en pura primera velocidad. Por más que quiera no podrá acelerar. ***No se puede ser apóstol, sin haber sido discípulo*; ni se puede ser plenamente católico, sin primero ser un cristiano verdadero.** No importa si se es laico, religiosa o sacerdote. Tener a Jesucristo como centro de la fe y haber tenido un encuentro personal con él es un boleto indispensable para ser un cristiano auténtico.

Hay que buscar ser Testigos antes que maestros en todo lo que hagamos y enseñemos.

Hace tiempo cuando explicaba esto en el curso que impartíamos, un hermano levantó la mano y dijo: «Oye Martín. ¿Tú estás diciendo que por no estar plenamente convencidos de lo que predicamos, en la actualidad, se anuncian mejor las papitas en un comercial que el Evangelio de Jesucristo?»
¡Sí! Contesté con cariño al hermano. En los comerciales, como en las novelas, dicen cosas que no son reales pero suenan a verdad. Por el contrario, en la Iglesia muchos decimos cosas que son verdaderas y valiosas pero que suenan a mentira. Por eso la gente prefiere quedarse a ver las novelas... y eso que algunas están para llorar pero por la mala actuación.

En el servicio que doy como misionero, el Señor nos ha bendecido de muchas maneras y una de las razones por las que hemos avanzado es que estoy convencido de lo que estoy haciendo. Constantemente me pongo la mascarilla espiritual para respirar primero yo, lo que voy a decir o a realizar, antes de pasársela al otro para que también disfrute la gracia que Jesús nos vino a dar.

"Lo que hemos oído, lo que hemos visto con nuestros ojos y palpado con nuestras manos"
1 Jn 1,1

Dios me ha hecho un testigo suyo y el haber tenido hace tiempo un encuentro personal con Cristo es la clave de ello.

Este es un boleto indispensable para ser católicos de excelencia cristiana.

PISA EL ACELERADOR ESPIRITUAL SIENDO TESTIGO DEL SEÑOR RESUCITADO

Jesús está vivo: **Óyelo, míralo y tócalo.**

2

Segundo Mandamiento
LA DIFERENCIA ENTRE UN SANTO Y UN HEREJE

Que cosas tiene la vida. Ese fue mi pensamiento cuando meditaba un artículo sobre algunas personas que en la historia de la Iglesia han terminado como "herejes" negando verdades fundamentales de nuestra fe o bien han terminado separándose de la Iglesia.

Y digo ¡Que cosas tiene la vida! porque si te pusieras a analizar la vida de algunos de ellos te darías cuenta, que en algunos casos, lo que ellos creyeron o pensaron en su momento no era algo contrario a nuestra fe.

Es sorprendente ver que entre aquellos que terminaron mal y algunos de los santos de su misma época, no había un enorme puente de separación. ¡No!

La diferencia en algunos de ellos fue algo tan sencillo pero que a la vez puede ser muy grande: **La Paciencia.**

Así como lo lees hermano. La visión o manera de pensar de ellos no fue el problema principal, sino que su grandísimo error fue la impaciencia. Ellos decían "ya basta"; esto es así y hay que cambiarlo pero "ya"; lo correcto es creer y decirlo así pero hay que cambiarlo "ya", en este momento. Su tremendísimo error fue que no tuvieron la paciencia suficiente para dialogar, proponer y esperar a que las cosas se fueran dando en obediencia a sus "mayores" en la fe.

Expliquémoslo nuevamente. En la historia de la Iglesia, al mismo tiempo que los "herejes" surgieron grandes santos o sabios con ideas similares, pero con la "paciencia" necesaria para no querer imponer "ya" lo que Dios les había ayudado a comprender para vivir mejor la fe. Tertuliano, Lutero, Loasy son algunos casos del primer tipo.

Se les olvidó que uno de los mandamientos más importantes para ser un buen cristiano es "**la paciencia**". No lo olvides hermano: La Paciencia.

En la fe, "la paciencia" es un don tan necesario para poder perseverar y ayudar, que es necesario luchar por ella. Tan difícil puede ser el vivirla en ciertos momentos, que cuentan acerca de ello lo que le sucedió a Tertuliano, quien escribió uno de los grandes "tratados" acerca de la paciencia.

Escribió su libro bello y lleno de una enseñanza profunda. Sin embargo Tertuliano mismo murió fuera de la Iglesia a causa de su impaciencia. ìQué cosas! Orígenes fue otro de los impacientes, incluso con él mismo, tanto que terminó "castrándose" porque no podía vencer sus tentaciones.

Es por eso que si quieres ser un buen cristiano, un consejo valioso que te doy es: "Ten paciencia".

No importa lo que suceda o si las cosas no salen como lo planeaste, "ten paciencia"; si algún día miras que pasa el tiempo y la comunidad o personas que están a tu alrededor no cambian como tu quisieras, "ten paciencia"; Si en la Iglesia la persona que es tu coordinador o el sacerdote tiene fallas, "ten paciencia";

Incluso si tú mismo llegas a pensar que ha pasado mucho tiempo y no has cambiado de vida en áreas que estás luchando, no te desesperes.

Recuerda que no hay nada en la vida que sea tan malo, como para empeorarlo con la impaciencia.

Después de una noche de oscuridad siempre hay un amanecer.

Por favor, no lo olvides: En muchos casos, la diferencia entre el santo y el hereje fue la impaciencia, que no te vaya a pasar eso nunca a ti. Ten calma, ten "paciencia".

> *"Los exhorto, pues, yo, preso por el Señor, a que vi van de una manera digna de la vocación a la que han sido llamados, con toda humildad, mansedumbre y paciencia, sopórtense unos a otros por amor, poniendo empeño en conservar la unidad del Espíritu con el vínculo de la paz."*
>
> Ef 4,1-3

3

Tercer Mandamiento
EL BUEN LIDER DA LO QUE SE NECESITA

Hay ocasiones donde las cuestiones más importantes de la vida son tan simples y sencillas que nos pasan desapercibidas. Considero que éste es el caso con uno de los "secretos transparentes" de la Sagrada Escritura, que de seguirlo, nos estará llevando a formar una nueva generación de líderes cristianos.

Los evangelios nos narran lo que Jesús hacía con las personas que acudían en busca de sanación:

Mt 12,10-13 Cura al hombre de la mano paralizada. Mc
10,46-52 Curó al ciego de Jericó.
Lc 8,26-36 Sanó al endemoniado de Geresá.
Jn 5,1-9 Hace caminar al paralítico de Betesda.

Así de simple y de profundo. Al ciego lo hizo ver, al tullido mover la mano y al paralítico lo hizo caminar. Este es Jesús enseñándonos que uno de los mandamientos más importantes para el líder cristiano es el de dar lo que se necesita.

La diferencia entre un mal líder, coordinador o papá, uno regular y uno bueno radica en lo que este da:

* **EL MALO DICE Y HACE LO QUE NO SABE;**
* **EL REGULAR HACE Y DICE LO QUE SABE;**
* **EL BUENO DICE Y HACE LO QUE SE NECESITA.**

Cuando en la pastoral perdemos esto de vista, el resultado es un Evangelio "desencarnado". Imagínese a Jesús pasando por Galilea y un día sale una persona gritando: "Señor que vea". En ese momento saca su agenda pastoral y revisándola le dice al ciego: mmh, hoy es miércoles y me tocan leprosos, si quieres nos vemos el sábado que es cuando me toca curar a los ciegos. Claro que nunca lo hizo así. El buen líder no mira y da lo que tiene, sino lo que la gente necesita.

Analizar la realidad en todos los aspectos es fundamental para ser líderes cristianos de excelencia. No manipular las cosas para querer ver lo que a mí me gusta y eso dárselo a la gente. Eso es presentar un Evangelio desencarnado de la vida personal, familiar y social de cada uno de los que están a nuestro alrededor.

Haz un alto fuerte en tu acción pastoral y piénsalo unos minutos. Nuestra tentación es querer dar lo que nosotros tenemos en nuestro "morral" de pastoral y lo que a nosotros "nos gusta", "nos ha ayudado" o "nos llena", eso queremos dar a la gente y eso produce cristianos "desfasados" que pueden sufrir consecuencias tan grandes por falta de visión del líder, que no está dándoles lo que ellos necesitan.

Un ejemplo sencillo es cuando el coordinador dura un año sin hablar del tema de la perseverancia porque eso no toca hasta dentro de once meses y para ese tiempo ya no hay nadie porque se desanimaron por los problemas comunes y oyeron temas de todo menos de la forma e importancia de perseverar.

> Dar lo que no se sabe, lo que se sabe o lo que se necesita es **la diferencia** entre ser malo, regular o buen líder al servicio de los hermanos.

4

Cuarto Mandamiento
EL OCTAVO SACRAMENTO

De antemano te digo que no te preocupes.

Sabemos que los sacramentos son siete, pero lo que vamos a explicar es una cualidad tan indispensable en todo cristiano que la mejor manera de hacer notar su importancia fue llamarlo de esa manera. Creo que en unos minutos también tú estarás de acuerdo conmigo.

La razón la encontramos al final de la parábola del Hijo Pródigo que nos enseñó nuestro Señor Jesucristo y nos narra el evangelista San Lucas en él capítulo 15 versos del 22 al 24. Allí nos cuenta qué fue lo que sucedió cuando el hijo volvió arrepentido con su padre y le pidió perdón:

> *«... el padre dijo a sus servidores: Rápido, tráiganle la mejor ropa y póngansela, colóquenle un anillo en el dedo y zapatos en los pies. Traigan el ternero más gordo y mátenlo, comamos y* ***alegrémonos****, porque este hijo mío estaba muerto y ha vuelto a la vida, estaba perdido y lo he encontrado. Y se pusieron a celebrar* ***la fiesta****».*

Este pasaje muchas veces lo hemos escuchado y reflexionado en relación con la alegría que hay en el cielo cuando un pecador se convierte, pero aplicándolo a nuestra vida toma un matiz diferente y contiene una gran enseñanza.

Cuando el Padre hizo la fiesta, ésta era principalmente para el hijo, por eso el otro hijo en su egoísmo se enojó.

El disfrutaba ese momento, él bailaba y con alegría mostraba la mejor ropa, él enseñaría contento el anillo en el dedo, él más que nadie disfrutaba esa fiesta.

Con que razón el Papa Francisco ha insistido en la 'alegría' que debe brillar en cada cristiano y con mayor razón en cada evangelizador. Por algo su primera encíclica que hizo él solo se llamó *"La alegría del Evangelio"*.

No solamente el padre y todo el mundo estaban de fiesta, sino sobre todo el hijo que había regresado era con seguridad el más alegre porque su padre lo amaba profundamente. Hoy más que nunca se hace necesario que el católico viva la Fe con alegría. Predicar con alegría. Orar con alegría. Testimoniar con alegría. Servir con alegría. Si el hijo pródigo participaba de ella, con mayor razón todo aquel que desee llevar la Buena Nueva. Recuerda que:

UN SANTO TRISTE NO ES MAS QUE UN TRISTE SANTO

o el otro que dice:

SEÑOR HAZ QUE LOS MALOS SE VUELVAN BUENOS... Y QUE LOS BUENOS SE VUELVAN ALEGRES

Un servidor que así vive su fe, contagia a su alrededor y empieza a atraer a más gente hacia Jesucristo. Por el contrario, un cristiano bueno pero aburrido no atrae ni a las moscas. Hoy más que nunca hay que pedir a Dios que nos de el don de celebrar en todo tiempo nuestra fe.

No queremos decir con esto que nos la pasemos haciendo fiestas o pachangas como decimos en México. **NO**, más bien hablamos de una actitud interior que se proyecta en lo exterior. Tal vez sería bueno colgar en nuestro cuarto, o en nuestro corazón, esos dos letreros con sus respectivos anuncios.

El católico que no está de fiesta como el hijo pródigo(Lc 15, 24-25) y su vida está de luto como los que enterraron a Ananías y Safira(Hech 5, 10) termina por aguar(echar a perder) la fiesta.

Si usted quisiera seleccionar un buen servidor, **un requisito sería que esta persona estuviera de fiesta con Jesús**, porque si le dejamos este servicio a uno que se la pase quejándose, con cara de aburrido y diciendo que es un trabajo muy pesado y difícil... en poco tiempo ya no habrá ni invitados.

Es decir, la gente en el ministerio o grupo se le habrá ido y dirá ¿Qué habrá pasado?

Por eso todavía hay gente que cuando ve a un muchacho que va seguido a la Iglesia, es serio, casi no habla y ríe poco, dice: Yo creo que este joven tiene vocación para sacerdote. O si ve a una muchacha con cara de 'no se que' y media enojada entonces piensa: esta podría ser una buena religiosa.

Ni modo, ésa es la impresión que se ha dejado y es tiempo de cambiarla. San Pablo dijo que la alegría es fruto del Espíritu.(Gal 5,22)

Disfrutemos en abundancia la vida cristiana y nuestro servicio. **Así contagiaremos** a nuestro alrededor en cualquier lugar en que nos encontremos.

5

Quinto Mandamiento
EL PELAGIO Y LUTERO DE VISITA POR LA IGLESIA

Cuando se tiene la oportunidad de estar en diferentes parroquias y de preguntar a los hermanos que quiénes son los que tienen mas años de estar sirviendo en la comunidad, da la impresión de que todas las parroquias son nuevas. Unos dicen que 2 años, otros que 4, y unos cuantos que 6 o 7 pero casi nadie de 9 o más años.

* ¿Por qué pasa esto?
* ¿Dónde están las personas que hace 10 o más años eran los pilares de la comunidad?
* ¿Por qué muchos hermanos que se veían bien decididos
* después de unos años ya no perseveran en su servicio?

Personalmente estoy convencido que muchos todavía estarían si hubieran conocido y vivido lo que vamos a explicar a continuación.

Esto que leerás es un llamado urgente a compartir con todos aquellos que están sirviendo en la parroquia o en algún movimiento, y sobretodo es un llamado para aquellos que están pensando en meter reversa y dar marcha atrás en su servicio cristiano.

En la historia de la Iglesia han aparecido muchas herejías, pero dos de las que más daño causaron fueron las que difundieron **Pelagio y Lutero**.

Las características de la herejía de Pelagio eran las siguientes:
1.- Jesús nos salva porque nos dejó un ejemplo a seguir y esa es la gracia que nos hace falta. Simplemente hay que imitarlo.
2.- El cristiano puede, por esfuerzo propio, llegar a la perfecta justicia.

Lutero era el extremo opuesto a esto:
1.- No son las obras lo importante sino aceptar la sangre de Cristo derramada en la cruz. Dios lo hace todo El solo.
2.- La naturaleza humana está corrompida. El hombre no puede hacer nada para salvarse. Sólo basta la fe.

Al empezar a explicar esto en los cursos o predicaciones que damos en las parroquias nos damos cuenta que todavía existen muchos hermanos que sin darse cuenta viven su fe como:

Nietos de Pelagio y de Lutero

Vamos a explicarlo, **porque aquí está la causa de muchos sufrimientos y decepciones** que provoca que muchos no perseveren en el apostolado:

1.- PELAGIO.- Las frases mas comunes del que se comporta como si fuera nieto de Pelagio son:

* Ya estoy cansado del ministerio.
* No puedo aguantar más la actitud de mi esposo.

* Me cansa que la gente sabe que hacer, y no lo hace.
* Son muchos los problemas en la Iglesia. Es por demás.
* Uff. El ministerio, la comunidad, la casa, el trabajo... ya no puedo continuar.
* Por más que me esfuerzo no puedo cambiar. No sirvo para esto. Me desespera el no poder mejorar.
* Me duele el cuello y la cabeza de tantas cosas que pasan en la parroquia. Necesito un año sabático para descansar.
* Ya no puedo, son muchas cosas las que tengo aún bajo mi responsabilidad.
* Ya son varios años y es muy pesado, que otro tome este ministerio, yo ya hice mucho. Y de remate aguantar al padre.

Si **Pelagio** viera esto diría: *Que felicidad, después de todo tengo algunos seguidores toda vía,* ***todo lo hacen con su propio esfuerzo.***

El problema radica en que estas personas están cargando solos el mundo a sus espaldas. Muchas personas(catequistas, evangelizadores, servidores,...) sin darse cuenta empiezan a cargar a medio mundo.

Cargan el ministerio, su familia, el trabajo, el sacerdote, sus hijos, la desigualdad social, el trabajo diocesano, el crecimiento de las sectas, la violencia familiar, el consejo de pastoral, los decanatos, los problemas de los vecinos... y todo lo hacen pensando que eso es ser muy cristiano.

Todo lo asumen ellos por amor al prójimo. Ellos son los actores principales y los que van a ayudar a los demás con una gran responsabilidad. **Piensan que amar a Dios, es no dormir** por estar pensando cómo organizar mejor los grupos, como transformar esta sociedad injusta y como hacer más efectivo el retiro del mes que entra.

Pero... y ¿Dónde quedó Dios si ellos lo están haciendo con su fuerza humana y están responsabilizándose de todo? ¿Dónde quedó el estado de gracia? ¿Dónde el poder del Espíritu? ¿Dónde la providencia Divina? ¿Dónde la simplicidad evangélica?

Con razón Pelagio cautivó a tantos, porque esforzarse al máximo haciendo uno la obra de la salvación suena muy cristiano, aunque en realidad sea todo lo contrario.

«UN CRISTIANO QUE ASI PIENSE, NO DURARA MUCHO TIEMPO EN EL SERVICIO QUE ESTA DANDO»

Te aconsejo algo de todo corazón. Si quieres perseverar en la vida cristiana y en el servicio a Dios con el mismo entusiasmo y alegría que tenías cuando empezaste:

NO cargues al mundo, a eso vino Jesús

- **Usted** no convierte a nadie.
- **Usted** no va a salvar al mundo ni a su país.
- **Usted** no es el dueño de la cosecha.
- **Usted** no es el constructor de esta obra.
- **Usted** no va a transformar la parroquia.
- **Usted** no es aquí el actor principal.
- **Heey, shh, shh...**Usted no es Dios.

Claro que hay que trabajar por el Reino, y hacerlo con determinación y coraje sufriendo por ser cristianos al servicio del Evangelio, eso ya lo explicamos, pero nunca confundamos esto con el adueñarnos de la obra, **aquí el constructor es el Señor y el Salvador de todo es Jesucristo**.

Hay que **recuperar** el sentido profundo del valor de **La Gracia de Dios** que actúa en lo que hacemos; Recuperar una pastoral Cristo céntrica no sólo en la doctrina, sino en toda actividad apostólica; Hay que hablar y valorar en alto grado la Providencia de Dios, la acción del Espíritu y la confianza en un Dios que hace su labor mientras nosotros dormimos. Si no lo hacemos así, seremos servidores llenos de úlceras, azúcar y estrés por tanto servicio y preocupaciones pastorales. Por eso algunos en vez de estrés ya tienen escuatro o escinco.

Después de un trabajo duro, un apostolado cansado o un problema familiar, volvamos a recuperar la simpleza de la confianza que Jesús nos dejó:

«Fíjense en las aves del cielo: no siembran ni cosechan, no guardan alimentos en graneros, y sin embargo el Padre del cielo, el Padre de ustedes, las alimenta. ¿No valen ustedes mucho más que las aves?... no se preocupen por el día de mañana, pues el mañana se preocupara por sí mismo. A cada día le bastan sus problemas»

Mt 6, 26.34

Personalmente estoy convencido de esto. Tengo veinticinco años de estar a tiempo completo en la obra de la Evangelización; casado y con tres hijos; Fundador y subdirector del Instituto de Teología por varios años; Fundador y director de Misioneros de la Palabra de Dios; He escrito trece libros; viajo por varias ciudades y países dando conferencias sobre apologética(defensa de la fe) y varios sitios de internet...

Los que nos conocen saben que trabajamos bastante, pero cuando llega la hora de dormir... a roncar se ha dicho. 'Si lo duda, pregúntele a mi esposa y verá la respuesta que da'. Cuando es hora de dormir hay que hacerlo así, no me llevo al sueño ni el 1% del trabajo y de los pendientes, digo esto porque algunos se levantan cansados de dormir porque hasta en el sueño siguen trabajando y en un lado de la almohada tienen a medio mundo, incluyendo la agenda y el borrador.

Con razón el salmista dijo:
« En vano te levantas tan temprano y te acuestas tan tarde, y con tanto sudor comes tu pan: ***él lo da a sus amigos mientras duermen****»*. Salmo 127, 2

En la vida lo que cansa realmente no son los problemas, ni el exceso de trabajo, ni las responsabilidades, ni las enfermedades, ni que las cosas no salgan como nosotros queremos, ni las fallas o desinterés de los que están a nuestro cuidado, ni el que no apoyen nuestras ideas apostólicas, ni tampoco los problemas familiares... **lo que cansa mucho y por eso se abandona el servicio es el que estemos haciendo las cosas con nuestras fuerzas solamente**, y sin darnos cuenta de ello.

Nunca olvides que:
«Si el Señor no construye la casa en vano se cansan los trabajadores. Si el Señor no protege la ciudad, en vano vigila el centinela».

Salmo 127, 1

Lo mejor que Dios me ha enseñado y me ha dado es el entusiasmo y unas ganas de seguir adelante más fuerte que cuando empecé. Eso es algo que Dios quiere para ti y para todo cristiano. No estoy diciendo que no tenemos problemas. Claro que tenemos dificultades de todo tipo y como todo mundo y usted también las tendrá, pero Confió y descansó en Dios. **Él es el Dueño** de esta obra, de mi vida y de mi familia. **Confía plenamente en él**, en su providencia y en su Gracia.

«Depositen en él todas sus preocupaciones,
pues él cuida de ustedes»
1 Pe 5, 7

El Papa Francisco nos ha advertido varias veces del peligro de caer en un 'pelagianismo' actual que tiende a "*minimizar el poder de la gracia que se activa y crece en la medida en que salimos con fe a darnos y a dar el Evangelio a los demás*".

Saquemos cualquier idea tipo Pelagio de nuestras vidas para poder perseverar hasta el fin en el servicio y digamos una y otra vez en oración:

Gracias Dios por el servicio y por todo lo que nos das, pero sobre todo muchas gracias porque nos permites descansar.

Quedan cosas por hacer y ya es hora de dormir, tú trabajas, yo descanso, soy un siervo nada más.

No cargo Señor a nadie porque a eso viniste tú, en tus manos está todo, en tus manos estoy yo.

Libérame de mi mismo, de pensar que el dueño soy, en tus manos está todo, en tus manos mi Señor.

Nada es mío en lo absoluto, todo es tuyo oh mi Dios. El trabajo, la familia, el ministerio y la comunidad.

Si tenemos un problema, tú lo sabes mi Jesús, ocuparnos si debemos pero preocuparnos jamás.

Si luchamos por ideales, cansancio físico habrá; pero siendo tú el Dueño, cansancio espiritual no vendrá.

En tus manos está mi vida y también mi debilidad, que descansando contigo pueda llegar hasta el día final. Amén.

2.- LUTERO.

Si el que vive como si fuera nieto de Pelagio es aquel que se la pasa cansado por estar haciendo la obra con su esfuerzo solamente, **el extremo opuesto** es aquel que actúa como si fuera nieto de Lutero, pues toda la obra se la quiere dejar a Dios y desprecia el esfuerzo del hombre. **El mismo no hace nada, pensando que Dios actuará mientras que ora cruzado de brazos**, esperando que las cosas se solucionen como por arte de magia divina.

Las frases más comunes que usa son:

+ La obra es de Dios no de nosotros. Es el pretexto perfecto para no hacer nada cuando las cosas salen mal. Nunca falla.

+ Lo importante es sentir y vivir con Dios, no el estudio profundo de la fe. Con esto ya encontró un magnífico argumento para no asistir a cursos ni a nada que huela a estudiar algo su religión. Lutero decía que « la razón es la novia del diablo a la que hay que pisotear».

+ Si no vinieron muchos no hay problema, no hay que hacer nada porque así lo quiere Dios. Es su voluntad. Este pretexto también nunca falla, es ideal para esconder la mediocridad y eludir responsabilidades.

Un cristianismo llevado así es tranquilo y cómodo. Si no se dan las cosas se piensa que es porque Dios no quiere que pasen, incluso si llueve es porque Dios no quiere que salgamos este día a misionar y de remate a la hora de dar una plática afirman que no hay que preparar el tema ni estudiarlo para dejar que sea el Espíritu el que hable por nosotros.

Aclaramos aquí que el parecido con la realidad es pura coincidencia... o no.

Como te habrás dado cuenta, hay cosas que parecen muy cristianas pero en realidad mas bien son residuos de Lutero con disfraz de espiritualidad o cenizas de Pelagio con pantalla de compromiso. Despide ya a estas visitas de una vez y para siempre.

LA SOLUCION ESTA EN EL EQUILIBRIO

Deja todo a Dios como si tu no tuvieras nada que hacer.

Haz todo como si Dios no tuviera nada que ver contigo.

Esta frase atribuida a San Ignacio hay que grabarla en la mente y en el corazón si queremos ser auténticos católicos. Son las dos actitudes que encontramos en la CRUZ:

Una dimensión vertical de plena confianza en Dios y una horizontal de plena responsabilidad de nuestra parte.

6

Sexto Mandamiento
OTRA VEZ MANA

En el pueblo de Israel, cruzando el desierto en busca de la tierra prometida, encontramos una actitud que es sumamente importante conocer si queremos acelerar el Reino como católicos del siglo XXI.

El libro del Éxodo nos cuenta lo que sucedió cuando el Pueblo de Dios empezó a quejarse y a murmurar porque no tenían que comer y pensaban que morirían de hambre. En ese momento Dios interviene y les envía un alimento muy especial:

"Aquella misma tarde llegaron codornices que cubrieron el campamento. Y, por la mañana en torno al campamento, había una capa de rocío. Al evaporarse el rocío, apareció sobre el suelo del desierto una cosa menuda, como granos, parecida a la escarcha. Cuando los israelitas vieron esto, se dijeron unos a otros: "Maná", o sea: ¿Qué es esto? Pues no sabían lo que era. Y Moisés les dijo: Este es el pan que Yahvé les da para comer."

Ex 16,13-15

Al parecer, todo estaba resuelto. Pero resultó mejor de lo que esperaban, pues esta comida tenía un sabor "muy especial".

"A tu pueblo, sin embargo, le distribuías el alimento de los Ángeles; le enviabas desde el cielo incansablemente un pan ya listo, que tenía en sí todos los sabores y se adaptaba al gusto de cada cual"

Sab 16,20

Imagínese. Si ese maná se adaptaba al gusto de cada cual, entonces uno se levantaba el Lunes por la mañana y decía: hoy quisiera comer carne asada y a ese sabor le resultaba el maná. Otro día quería hamburguesa, otro día pizza... el sabor que escogiera a eso le sabía.

Eso suena excelente hasta hoy en día. No solamente tendrían alimento, sino una muy variada y rica comida según el gusto de cada cual. Pero... nunca falta un pero, tiempo después el pueblo volvió a murmurar y su queja ahora fue la siguiente:

"Ahora tenemos la garganta seca. Y no hay nada. Absolutamente nada mas que ese maná en el horizonte"
Num 11,4-6

Así como lo acabas de leer, así pasó. Su molestia era el mentado maná. Cuantos en ese tiempo no habrán abandonado las filas del pueblo de Dios por estar fastidiados y cansados del maná. Pero, un momento.... si acabamos de leer en la Biblia que el sabor del maná dependía de cada quien, entonces el problema no era el maná sino que cada persona dejó de darle sabor a lo que comía. Lo rutinario no salió del maná, sino de ellos.

Esto es lo que hay que cuidar como católicos del siglo XXI. Muchos hermanos no están perseverando en su ministerio pues después de algunos años de estar sirviendo lo dejan cansados de estar haciendo lo mismo durante tanto tiempo. Como diciendo: Oh no, "otra vez maná".

Les sucede como aquel hombre que en su trabajo todos los días se molestaba por la comida que llevaba y le platicaba a su amigo que ya no aguantaba más, pues estaba fastidiado que una y otra vez comiera "huevos con jamón". Así pasó mucho tiempo quejándose hasta que el amigo le dijo: «y porque no les dices en tu casa que te preparen algo diferentes de comer. Explícales que te hagan otra cosa y que ya no quieres eso». Pero el Señor rápidamente voltea a ver a su amigo y le dice: No puedo. **Porque, el que prepara la comida soy yo.**

¡Vaya con el hombre! Se quejaba de lo que él mismo provocaba. Recuerda hermano que la perseverancia es una condición indispensable para acelerar el Reino y no olvides que para poder lograrlo en el ministerio, así como en el matrimonio, **el sabor lo pones tú,** no los demás.

El maná es sabroso a pesar de los años, si tú le das ese sabor. El ministerio, el movimiento, tu matrimonio, la familia, el servicio etc. es agradable y sabe, según el sabor que tú le quieras dar.

Recuerda que:

LA VIDA Y EL MINISTERIO, ES COMO EL MANA:

*** EL SABOR SE LO DAS TU ***

7

Séptimo Mandamiento
QUE NO TE PONCHEN SIN TIRARLE

Una de las situaciones en las que menos quisiera estar un beisbolista es que cuando hay corredores en las bases y sea su turno de ir al bat, a la hora decisiva con dos outs, tres bolas, dos strikes y con todo mundo esperando que cuando menos pegue un hit, el pitcher lanza la bola y ...ah, ah, ¿qué pasó? lo poncharon sin tirarle y lo dejaron con el bat en el hombro.
ìNo puede ser! Uno quisiera que cuando menos le pegara y atraparan la bola o cuando menos haber hecho el movimiento para tratar de pegarle aunque se falle. Pero no quedarse helado, como muerto y diciendo "trágame tierra"... ponchado **y sin haberlo intentado.**

Esa es una ley de la vida que el buen cristiano debe grabar en su corazón. Es mil veces preferible intentarlo aunque nos equivoquemos, que nunca haberlo intentado. La excelencia cristiana se da en la gente que se ha equivocado mucho pues en esa búsqueda ha encontrado las soluciones. En otras palabras:

QUE NO TE PONCHEN SIN TIRARLE

Lo malo no es fallar. **Lo muy malo es que ni siquiera se haya intentado.** Las oportunidades de la vida y del crecimiento del Reino de Dios pasan al por mayor a nuestro lado, pero si no se toman por temor a equivocarse, ya no se vuelven a presentar.

La diferencia entre un servidor cristiano de excelencia y otro de mediocridad es que el primero se equivocó tanto que aprendió mucho de sus errores, mientras que el segundo falló tan poco como no hizo nada- que nunca llegó a realizar cosas importantes.

Hay dos figuras de fama mundial que son ejemplo de esto:

a) El primer caso es el del basquetbolista que estuvo con los toros de Chicago Michel Jordan. Él, en un comercial donde anuncia unos tenis, empieza diciendo las miles de veces que falló a la hora de echar la canasta y todos sus errores, al final del comercial dice: "por eso soy un triunfador". Falló tantas veces en su vida que terminó siendo excelente porque aprendió a través de sus intentos fallidos.

b) El segundo casa es nuestro querido Papa Francisco que dijo: *"Prefiero una iglesia 'accidentada' a una Iglesia dormida"*. Directo. Si hay accidentes, puede haber errores. Mejor eso, que no hacer nada.

En la Vida y en la Pastoral. Si tienes ideas, planes y sueños por el Reino de Dios, Inténtalo. No te detengas. Sueña siempre. Ten ideales. Piensa en la cima. Inténtalo una y otra vez. Aunque haya fallas o no funcione, inténtalo. Pero **que nunca te ponchen sin tirarle.**

«No extingan el Espíritu...examinadlo todo
y quédense con lo bueno».
1 Tes 5,19-21

8

Octavo Mandamiento
NADA SIN LA JERARQUIA, NADA SIN LOS LAICOS

El Evangelio nos narra acerca de la resurrección lo siguiente:

"Echa a correr y llega donde Simón Pedro y donde el otro discípulo a quien Jesús quería y les dice: «Se han llevado del sepulcro al Señor, y no sabemos dónde le han puesto.». Salieron Pedro y el otro discípulo, y se dirigieron al sepulcro. Corrían los dos juntos, pero **el otro discípulo corrió por delante más rápido que Pedro, y llegó primero al sepulcro.** Se inclinó y vio las vendas en el suelo; **pero no entró.**

Llega también Simón Pedro siguiéndole, entra en el sepulcro y ve las vendas en el suelo, y el sudario que cubrió su cabeza, no junto a las vendas, sino ple gado en un lugar aparte entonces entró también el otro discípulo, el que había llegado el primero al sepulcro; vio y creyó"

Jn 20,3-8

Que belleza de pasaje bíblico y que enseñanza tan valiosa. Pedro y Juan corren al sepulcro pero aunque el que llegó primero fue Juan, éste no entró sino hasta que primero entrara Pedro. Sin duda que una muestra del valor y respeto por la jerarquía de Pedro. Usando a Juan de una manera figurativa como representante de los laicos ésto es lo que necesitamos en nuestros días.

La tentación actual es que hay "Pedros" corriendo sin 'Juan' y también hay 'Juanes' corriendo sin 'Pedro'. Obispos y sacerdotes dando poca importancia a los laicos y por otro lado tenemos laicos queriendo evangelizar sin la guía y el acompañamiento de ellos.

Volviendo al pasaje bíblico nos muestra que necesitamos 'correr' juntos para llegar al resucitado y dando siempre su lugar principal a la jerarquía de la Iglesia. Es uniendo esfuerzos y visión como aceleraremos el Reino de Dios.

El servidor laico debe evitar la tentación de sentirse tan entregado a Dios que no necesita de la Jerarquía. A tal grado han llegado algunos que incluso abandonaron la Iglesia y fundaron su propio "changarrito particular" o sea su secta religiosa, separándose de la Iglesia fundada por Cristo: La Católica.

Por el otro lado la jerarquía puede caer en la tentación de ver en los laicos y movimientos como a un extraño en casa, visualizándolos como una actividad paralela a la parroquia por lo que más que apoyarlos, habría que tolerarlos. Los dos extremos son negativos para la pastoral, de allí que para extender la Buena Nueva es mejor que sea: "Nada sin la Jerarquía, nada sin los Laicos".

El Papa Juan Pablo II en el encuentro mundial con los movimientos lo dijo de esta manera:

"El aspecto institucional y carismático son casi coesenciales en la constitución de la Iglesia y concurren, aunque de modo diverso, en su vida, para su renovación y santificación del Pueblo de Dios".

El aspecto institucional (la jerarquía) y por otro lado el aspecto carismático (los movimientos) forman parte de la constitución misma de la Iglesia. Es el Espíritu Santo el que los sostiene a ambos.

Luchemos por evitar caer en la tentación de desperdiciar fuerzas que el Señor Jesús nos ha dado:

Nada sin la jerarquía, nada sin los laicos

9

Noveno Mandamiento
LA ESCUELA DE UN TAL TIRANO

Una 'escuela' muy especial que nos narra el libro de los Hechos de los Apóstoles nos mostrará la clave para entender el noveno mandamiento a vivir como servidores de excelencia del Señor.

«Pero algunos, en vez de creer, se endurecían y hablaban mal del Camino, Pablo rompió con ellos y formó grupo aparte con los discípulos; y ***diariamente les enseñaba*** *en la escuela de Tirano* ***de las once hasta las cuatro.***
Así lo hizo durante ***dos años****, de tal manera que todos los habitantes de Asia pudieron oír la Palabra del Señor, tanto judíos como griegos».*
Hech 19,9-10

ìQue increíble! En varias versiones de la Biblia ponen el detalle de las horas que estudiaban. Cada día esos primeros cristianos se reunían por cinco horas. Con razón después dice que todos los habitantes de Asia pudieron escuchar la Palabra del Señor. Con ese tiempo de formación era normal que estuvieran llenos de Dios, de su Palabra, de fe etc. No vaya a pensar alguien que por eso le pusieron "tirano" eh...

Para quien desea ser usado tremendamente por Dios no basta el haber tenido un encuentro con Jesucristo y una fuerte conversión. Unido a eso no debe de faltar nunca una sólida formación como la del "tal tirano". Desafortunadamente en la historia de la Iglesia una constante ha sido que algunos mas inclinados a las cosas espirituales han desdeñado la formación como algo de poco valor.

Es común encontrar que los más «estudiosos» muchas veces no son los más espirituales y viceversa, los más «espirituales» no son los más estudiosos de la fe.

Algunos prefieren tener 20 cds de alabanzas y solamente uno o dos de formación doctrinal. Servidores que alaban al Señor, pero que desconocen la doctrina de nuestro Señor y de su Iglesia. Bien podemos repetir la frase del profeta: *«Mi pueblo perece por falta de conocimiento».* No podemos ser servidores de excelencia si queremos seguir tomando «leche espiritual» y comiendo «Gerber». Con razón el Apóstol Pablo dijo: «*Ustedes deberían ya de ser maestros*...» Heb 5,12

Puesto que nadie da lo que no tiene es urgente impulsar centros de formación para laicos y generar una actitud de valorar en alto grado la formación en cada uno de los servidores. Ya no debe de haber servidores con la frase de "No necesito formarme porque El Espíritu Santo me va a iluminar" porque **eso es un fraude espiritual hacia el Evangelio.**

Recuerda siempre al "tal tirano" con cinco horas diarias durante dos años. **Experiencia y formación doctrinal van de la mano.**

*** Si deseas tomar un excelente curso de formación en la fe te recomiendo que hoy mismo te inscribas en el «curso en cds por correspondencia». Llama al 480-598-4320. Es excelente e ideal para formarte fuerte en la fe.

10

Décimo Mandamiento
DEBO EMPEZAR POR...

A veces al ver tanta necesidad y falta de crecimiento espiritual en personas, familias y en estructuras sociales (educación, política, gobierno...) y en las eclesiales(grupos, ministerios, movimientos etc.) uno se pone a pensar: ¿Por dónde empezaré?, pues incluso en la misma familia de uno a veces no todos vamos caminando igual en el aspecto espiritual como cristianos.

Es cuando tal vez te has preguntado ¿Qué será lo primero que uno tendría que hacer? ¿Qué es lo primero que sería bueno hacer para superar todo esto y otras situaciones similares? ¿Cómo encontrar la punta al hilo de la madeja? ¿Por dónde hay que empezar las cosas?

Algunas de nuestras respuestas podrían ser: Hay que empezar por la familia y sobre todo por la de uno para no ser candil de la calle y oscuridad de la casa; Otro diría que no, que lo mejor es iniciar por el compromiso con los pobres porque eso es vivir el cristianismo; Uno más afirma que hay que empezar por cambiar las estructuras sociales que son las causantes de muchos de los males; el más aventado estará diciendo que ya no hay que hablar que mejor hagamos algo, lo que sea, pero ya; Y así podríamos dar un sin fin de respuestas.

El tener una respuesta clara y acertada sobre esto será como un faro que nos guiará en medio de la oscuridad y nos servirá para ser hombres y mujeres que aceleren el Reino de Dios.

Recuerdo muy bien que como misionero, al ir de una parroquia a otra, siempre por ahí aparece una persona que dice:

> *"Que bueno que vinieron porque aquí la gente no trabaja, no es puntual, no es responsable, no se compromete... y entonces yo le pregunto: Disculpe pero... ¿y usted si se compromete verdad? No. Contestó rápidamente. Por eso digo: que **aquí no trabajamos**, no somos puntuales, no somos responsables..."*

Se imagina. Ella estaba igual que los demás y se quejaba de todo mundo siendo que también ella hacía lo mismo. Normalmente al ir madurando en nuestra fe, al ver que no están saliendo las cosas como queremos y a nuestro alrededor no actúan como quisiéramos, pensamos en ayudar y transformar nuestro entorno y queremos empezar por la esposa(o), por los hijos, por la familia, por las estructuras sociales o por donde sea pero muy poco pensamos que el camino a seguir es el que nos marcó Nuestro Señor Jesucristo:

Debo empezar por mí

¡Sí! El Evangelio según Marcos nos narra el primer mandamiento que dio Jesús al empezar su predicación:

"El tiempo se ha cumplido, el Reino de Dios está cerca. Cambien sus caminos y crean en la Buena Nueva."
Mc 1,15

Este es el eje central que no hay que perder de vista como cristianos católicos. Nadie da lo que no tiene y si YO no me decido a convertirme realmente a Jesucristo y ponerlo como el centro de mi vida para que él la gobierne, todo lo demás será construir sobre la arena(Mt 7,26) Tú y yo nos convertiremos en politiqueros del Evangelio que hablan y dicen pero no se preocupan por vivirlo. Que quieren cambiar a medio mundo pero no hacen nada o muy poco por enseñarlo con su propia vida. Dejar fuera a Jesucristo, es como el Papa Francisco ha dicho de reducir el Evangelio a un simple moralismo.

No pierdas nunca esto de vista y si a tu alrededor descubres que los demás no lo están haciendo, no te frustres ni te conviertas en un amargado que se enoja y condena a las personas que no cumplen la voluntad de Dios.

Mejor ***dedícate tú y empieza siempre por ti***. No llores ni te quejes por lo que los otros no hacen, mejor hazlo tú y eso te convertirá en un verdadero colaborador del Reino. Una y otra vez tenemos que decir:

Debo empezar por mí, no por mi esposa.
Debo empezar por mí, no por mis hijos.
Debo empezar por mí, no por los vecinos.
Debo empezar por mí, no por las estructuras.
Debo empezar por mí, no por los que no cumplen.
Debo empezar por mí, no por mi coordinador.
Debo empezar por mí, no por mi párroco.
Debo empezar por mí, no por mi obispo.

Urge que haya católicos que en vez de pasársela quejándose por lo que no hacen los otros, mejor se decidan a hacerlo ellos. Que no están esperando que el otro lo haga para también hacerlo ellos, sino que se avienten a poner el ejemplo.

- **Si falta alegría**, se tú el que ponga esa chispa. Si no quieren misionar, se tú el que lo haga.
- **Si hay anti-testimonios**, pon tú el ejemplo en eso.
- **Si no oran suficiente**, conviértete tú en un hombre de oración.
- **Si no son responsables**, no grites, mejor hazlo tú con sencillez.
- **Si no actúan** como verdaderos pastores, preocúpate tú por las ovejas.

Recuerda el proverbio chino que dice:

> *"Cuando la luz se va, no hace falta que alguien grite <se fue la luz>, pues de eso todo mundo ya se dio cuenta, lo que hace falta es que alguien prenda un cerillo."*

Empieza por ti, conviértete tú a Jesucristo, prendiendo cerillos (fósforos) en donde creas encontrar oscuridad.

Católicos de este tipo son los que aceleran el Reino de Dios y valen por muchos en cualquier lugar que se les ponga.

Este es el camino por donde hay que empezar.

IV

Tentaciones Modernas

1

TRAMPAS HACIA LA SANTIDAD

La santidad no se da por antiguedad ni por el servicio que prestamos.

Tal vez te parezca extraño el título que seleccionamos pero en realidad no lo es tanto, ya que una de las necesidades más urgentes en la Iglesia es la presencia de personas que realmente estén convencidas de su vocación a la santidad y se lancen a conquistarla.

Es tan urgente, que uno de los objetivos principales de la celebración del tercer milenio fue la de: *"despertar un anhelo profundo de santidad en todos los fieles".* (cfr. # 42 T.M.)

Reflexionando sobre este aspecto hemos estado compartiendo en muchos lugares que en la Iglesia actualmente hay mucha gente que ya ha tenido un encuentro personal con Jesucristo o una experiencia de relación con Dios, pero muchos se han estancado en una vida cristiana mediocre "científicamente" llamada la teoría del "dos-tres":

* ¿Cómo te va en el ministerio? Bien. Mas o menos.
* ¿Cómo va el grupo de jóvenes? Dos, tres... Dos, tres.
* ¿Cómo van los equipos en la parroquia? También, dos, tres... dos, tres.
* ¿Cómo te va de casado? Pues... dos, tres.

* ¿Cómo te salieron los hijos? Fíjate que también dos, tres... hasta eso le salió igual.

Hoy quisiera platicarte dos de las razones por las cuales nos quedamos como "estancados", para de esta forma evitar ingresar al club de los dos, tres... y de esta manera tener un anhelo permanente de santidad:

1) El problema de fondo para algunos es que inconscientemente se nos ha metido la idea de que como ya tenemos varios años en la Iglesia "ya la hicimos". Como que ya tenemos boleto seguro para ir al cielo. Casi, casi ya estamos salvados(estilo protestante), como si la santidad se diera por escalafón de antigüedad, pues cuando se muere alguien «todos son buenos».

Esto no es así. **Recuerda hermano que en la vida espiritual el crecimiento no se da por antigüedad**. Tener mucho tiempo en el camino de Dios no es sinónimo de haber crecido mucho. No. Aquí no se crece por escalafón, sino por los pasos de Fe que demos, cumpliendo la voluntad de Jesucristo.

Pensar que ya hicimos o conocemos bastante es una gran trampa, pues dejamos **la lucha diaria** y se nos olvida que la santidad es para HOY.

- HOY tengo que orar fuerte y con fe.
- HOY voy a perdonar a todos.
- HOY seré cariñoso y comprensivo.
- HOY voy a predicar la Palabra de Dios.
- HOY mi opción será por los más necesitados.
- OY celebraré la Eucaristía como la última.
- HOY voy a dar lo mejor de mí mismo.
- HOY voy a vivir en santidad.

Hermana(o), dejémonos de cosas vanas y consideremos como "basura" el ser "**veteranos**" en la Iglesia, tal como lo hacía el apóstol San Pablo con todo:

«Y más aún: juzgo que todo es pérdida ante la sublimidad del conocimiento de Cristo Jesús, mi Señor, por quien perdí todas las cosas, y las tengo por basura para ganar a Cristo».
(Fil. 3,8)

Solamente así es como nuestro coraje interior permanecerá al pasar los años. Solamente de esta forma estaremos en una actitud de conquista diaria. Sólo así nuestro entusiasmo no decaerá con el tiempo. Al contrario, cada día será un reto, una conquista, una alegría y una esperanza.

El **HOY** es el tiempo preferido de Dios(Mt 6,33-34)

---

2) La otra gran trampa para que no haya muchos "santos" es el imaginarse que la santidad se da automáticamente en proporción con el servicio que damos.
La gente nos lo hace creer cuando nos dice: «usted que está más cerca de Dios pida por mí...» piensan que por ser religiosa, sacerdote o coordinador se obtiene membresía automática de santidad.

La "cercanía" con Dios, la gracia, la santidad... no se obtiene por el hecho de ser predicador, catequista, coordinador, evangelizador, defensor de la fe o sacerdote. Más aun, San Agustín en una de sus profundas y tajantes frases dijo:

"Para ustedes soy obispo, con ustedes soy cristiano. Lo primero es un riesgo, lo segundo es salvación."

¡Sí! Ni el hecho de ser religioso, diácono, sacerdote u obispo es garantía total de estar viviendo en santidad. Esta no depende del servicio que damos en sí mismo, sino de la radicalidad cristiana con que lo vivamos:

«Los fieles todos, de cualquier condición y estado de vida que sean, fortalecidos por tantos y tan poderosos medios, son llamados por el Señor, cada uno por su camino, a aquella perfección de la santidad por la que el mismo Padre es perfecto».

(Lumen Gentium. No. 11).

De nada nos va a santificar el servicio que demos si va acompañado de un pésimo testimonio de amor a Dios y al prójimo. No se puede ser un servidor de Dios y al mismo tiempo ser un borracho, adúltero, ratero, mentiroso, fornicador, homosexual o amante del dinero. O te arrepientes e inicias un serio proceso de conversión o mejor dedícate a otra cosa; porque un servidor de Dios, sin deseos de ser santo, en vez de atraer gente para Jesucristo terminará por alejarla.

No olvides que servimos a un Dios vivo y Santo y que si proclamamos la santidad cristiana es porque ese es nuestro deseo y gozo. **De muy poco nos servirá un gran ministerio que el Señor Jesucristo nos haya dado si lo vivimos con una mediocridad institucionalizada.**

Igual que la *antigüedad, mayordomía o escalafón*, hay que considerar también como "basura" (Fil 3,8) *el servicio* considerado como sinónimo de santidad automática.

Si quieres un mensaje fuerte y radical sobre como decidirse a vivir en santidad te recomiendo el nuevo dvd de la Dra. Gloria Polo llamado «**Mi Juicio ante Dios**» y el libro ¡**Soy católico y que**! que te ayudarán a ello.

2

SIGUIENDO LO POLITICAMENTE CORRECTO

El servidor cristiano no vive fuera del mundo. Al tratar de ser «luz del mundo» (Mt 5,14) como lo mandó nuestro Señor Jesucristo, siempre habrá el riesgo y tentación de asimilar ideas contrarias al Evangelio.

Hoy en día, una de las grandes tentaciones a evitar, es el de poner como criterio fundamental el hacer lo que es "políticamente correcto" ***sin pensar si eso es*** "**cristianamente correcto**".

En palabra más sencillas y directas eso significa que hay católicos, incluyendo servidores, sacerdotes y teólogos que hacen y predican lo que la sociedad marca como "correcto" pero no lo que el Evangelio enseña.

Sin duda que ésta es una tentación muy actual para quien desea servir al Señor Jesús en nuestro tiempo.

Al Hacer esto, el servidor católico se presenta como una persona de "avanzada"; más moderna; con una mentalidad abierta; más agradable y sobre todo se siente bien pues no está en desacuerdo con la mayoría. **Su ideal es 'no ofender a nadie'** y 'crear puentes hacia todos'

Un líder así es bueno para ser político. Pero no para ser profeta.

Digámoslo más en concreto. **Su falta de radicalidad cristiana lo llevará a ver:**

* La homosexualidad practicada como una simple tendencia psico-afectiva y una distinta preferencia.

* El aborto como una decisión libre y privada de la mujer.

* El celibato como una forma de represión.

* El pecado como algo del pasado.

* A Satanás como simple representación del mal.

* El indiferentismo religioso como una forma de ecumenismo.

* Y su falta de entusiasmo y tibieza como una ausencia de fanatismo.

Su teología y moral variarán según "la moda" marcada por la sociedad y su espiritualidad será 'light' ó dietética como las sodas. Será bueno para la sociedad, pero no para extender los valores del Reino.

El temor al choque, confrontación o desacuerdo a muchos no les gusta y por eso su opción es hacer lo "políticamente correcto". Quieren ser amigos del Evangelio y de este mundo al mismo tiempo.

Al parecer algunos ya olvidaron que Cristo mismo es anunciado como "*Signo de contradicción*"(Lc 2,34) y también sus discípulos lo serán(Mt 10,16-38).

Es por eso, que al igual que los discípulos de los primeros años, nuestro criterio principal a seguir debe ser:

Hay que obedecer a Dios antes que a los hombres
Hech 4,19

Por algo Jesús dijo:
"Preocúpense cuando todos los hombres hablen bien de ustedes, pues así trataban sus padres a los falsos profetas".

Lc 6,26

Es por eso que para evitar caer en esta tentación el servidor de Dios verá como algo esencial en su vida no lo que es "políticamente correcto", sino lo que es "teológicamente correcto".

Buscar y luchar por hacer la voluntad de Dios aunque a muchos no les guste.

Esto formará una "radicalidad cristiana" que no imponga, pero si proponga con valentía y sencillez los valores del Reino de Dios.

Hace poco fui a una parroquia a dar unas conferencias. Un poco antes de iniciar, algunas de las encargadas me hicieron llegar un correo electrónico donde el sacerdote les decía a ellas que me avisaran a mí que durante los temas yo no fuera a hablar de los homosexuales' ni de los divorciados; ni de los protestantes; ni de los musulmanes; Ah... y sobre todo que no hablara del demonio o satanás.

Lo peor de todo eso, es que no era solamente un sacerdote, sino que también era el párroco, el fundador del instituto de teología de esa diócesis y además su actual director. Se imagina como estará por allá la formación de los servidores...

Sobre este tema te recomiendo un nuevo libro que escribí llamado *"Ten cuidado' el Demonio existe"* que descubre sus trampas actuales y lo que la biblia y la iglesia enseña sobre todo esto.

Hoy en día, **hace falta tener valor y «coraje para ser un auténtico católico»**.

3

¿BUSCANDO LA EXCELENCIA ACADEMICA?

Esta frase se oye bastante bien, pues se trata de tener servidores (agentes de pastoral) bien formados doctrinalmente.

Laicos que tengan una sólida formación teológica; religiosas con una buena teología; diáconos con un sustento doctrinal fuerte; seminaristas con una plataforma teológica sólida; sacerdotes con una formación permanente y actualizada, y obispos con alguna especialidad que el ministerio le requiere.

Se oye muy bien, pero... falta algo. Después de años de llevar la formación en esa dirección el resultado en general es que tenemos Colegios, Facultades, Universidades, Seminarios e Institutos de formación que buscan la excelencia académica y lo han logrado, pero al mismo tiempo hay un fuerte desequilibrio.
Con esta mentalidad tenemos hoy en día más laicos, religiosas y sacerdotes bien capacitados, pero:

a) Con una sólida formación doctrinal, pero muy débiles en su labor pastoral.

b) Buenos en el estudio, pero no en su oración.

c) Con capacidad de organizar, pero no de evangelizar.

d) Preparados para construir y remodelar templos físicos, pero no para hacer crecer y construir los templos vivos y espirituales que son cada persona.

e) Con deseos de estudiar, pero no de predicar.

f) Con una visión teológica de conjunto, pero sin visión pastoral.

g) Con capacidad de análisis, pero no con un celo apostólico que lo consuma.

h) Con diplomas y títulos de dogmática, pastoral y derecho, pero sin el coraje de los santos.

i) Con un doctorado, pero sin "garra" para ganar gente para Dios.

No podemos seguir seleccionando candidatos a colaboradores teniendo como criterio principal el que tenga un título o diploma. Seguramente que si San Pedro viviera, nunca lo seleccionarían.

Antes de continuar, hagamos una pausa. Si usted está pensando que estoy en contra de una sólida formación teológica, se equivoca. NO es así. En lo personal, una sólida formación doctrinal me ha ayudado mucho a desarrollar el ministerio que tengo como misionero laico. Además yo mismo he fundado y dirigido un Instituto Diocesano de Teología en México. En segundo lugar estoy convencido que no debemos disminuir nada en esa área y estoy en contra de la flojera de algunos que bajo el pretexto de que el Espíritu Santo los va a iluminar dejan de prepararse y dañan a la gente.

Lo que quiero afirmar aquí es que buscar la "excelencia académica" en la fe y no buscar al mismo tiempo la "**excelencia pastoral**" es perder el 50% de posibilidades de extender el Reino de Dios.

Con esto no estoy diciendo que se incluya o se le dé más tiempo a la materia de Teología pastoral. ìNO! No me estoy refiriendo a otro estudio mas, sino al "carácter" o "actitudes" que hay que generar en todo cristiano comprometido actual y en los que vendrán.

Una de las razones principales del por qué las sectas crecen, es que ellos enfocan sus 'baterías' en tener "excelencia pastoral" aunque descuidan lo doctrinal. Su éxito en gran parte es por su "práctica" y "visión pastoral". Eso es algo que salta rápidamente a la vista.

De nuestra parte, hoy en día, necesitamos vencer la tentación muy extendida de un "intelectualismo de la fe" en los líderes(sacerdotes y laicos) y equilibrar lo doctrinal con lo pastoral para formar líderes=pastores.

Necesitamos re-lanzar la misión con:

- Servidores que se consuman con 'celo apostólico'.
- Líderes que día a día piensen cómo ganar gente para Dios.
- Religiosos que sean perfectos en la caridad, pero sobre todo en lo pastoral.
- Diáconos que sean promotores de la Nueva Evangelización.
- Sacerdotes que sean misioneros del Evangelio.
- Obispos que alimenten, conduzcan y lleven más ovejas al rebaño.

En resumen, **líderes que tengan el coraje de los mártires, el Celo apostólico de Pablo y el deseo de santidad que ha forjado grandes santos**.

Todo lo anterior lo estamos produciendo muy poco y es una urgencia corregir esta área. Esta es precisamente una idea central que encontrarás en todo este libro que tienes en tus manos.

Necesitamos servidores con solidez doctrinal, pero que al mismo tiempo tengan el carácter y excelencia pastoral para ponerse de pie como "David" y tumbar a todos los "Goliaths" que se han levantado en nuestro tiempo.

Tú puedes ser uno de ellos. Anímate a hacer los cambios necesarios. Decídete.

Recuérdalo una vez mas: Cristianos de excelencia pastoral, la sociedad los necesita y Dios los está exigiendo.

Señor, no nos dejes caer en esta tentación de sobrevalorar el estudio y minusvalorar la pastoral. Líbranos de este mal. Amén.

«Junto a la excelencia académica»

URGEN SERVIDORES DE EXCELENCIA PASTORAL

4

VOCACION Y SERVICIO

Pasemos ahora a profundizar sobre una tentación a vencer, tan sutilmente presentada, que por lo mismo, es difícil de vencer. Las frases que a continuación escribimos nos señalarán de qué es lo que se trata. Léelas con mucha atención.

+ Hermanos, necesitamos que alguno de ustedes venga y se anote para ser catequista.

+ Mira Juan, ahora ya no me ayudes con los jóvenes pues te necesito para lector.

+ No te preocupes si no sabes, ahora me faltan ministros, vente a este ministerio.

+ Sabes que... es mejor que en este año nos ayudes en otra cosa diferente. Vamos a cambiarte de ministerio.

Las frases anteriores son comunes en nuestras comunidades y son el reflejo de cómo es fácil caer en algunas tentaciones de la vida moderna en la pastoral. Aclaremos algunas cosas:

1) La urgencia o necesidad de llenar algunos "huecos" o vacíos en la pastoral nos ha hecho creer que lo importante es servir en cualquier ministerio y se nos ha olvidado que una cosa es dar un "servicio" temporal en algún ministerio y otra muy diferente que casi no se está hablando, es la de descubrir qué "vocación" nos ha dado el Señor para servirle.

2) El colocar a las personas en las necesidades que tenemos y nunca hablarles que cada quien tiene un llamado especial de Dios a servirle en determinado ministerio como una vocación o carisma ha provocado que haya servidores sin pleno desarrollo de los dones que Dios les dió y cristianos con poca capacidad de hacer "explotar" la Buena Nueva.

Es por eso que el Apóstol Pablo dice:

> *"Hay diversidad de carismas, pero el Espíritu es el mismo; diversidad de ministerios, pero el Señor es el mismo; diversidad de poderes, pero es el mismo Dios que obra en todos. A cada cual se le otorga la manifestación del Espíritu para provecho común".*
>
> 1 Cor 12,4-7

Lucha por descubrir a qué ministerio te ha llamado el Señor y cuando los sepas, sirve en él de una manera definitiva y permanente. No brinques ya de uno a otro, en adelante haz crecer los dones que el Espíritu te ha dado. De esa manera podrás provocar una "explosión de fe".

Cualquiera que fuere: catequesis, jóvenes, música, niños, predicación, promoción humana, pastoral penitenciaria etc. Mira un poco quiénes son los hombres y mujeres que están impulsando la Iglesia y notarás que generalmente son personas que hicieron explotar el carisma que Dios les dio. Son expertos en su ministerio y no andan saltando de uno a otro.

Si no has descubierto la "vocación" que Jesús tiene para ti, entonces *mientras* sirve en uno u otro ministerio. Eso te ayudará a descubrirla. El llenar "vacíos" de una manera permanente es una tentación a vencer. **Cuando ya conozcas tu llamado, concentra en adelante toda tu vida en él y no te desvíes**, alinea toda tu vida en función de ello, eso hará extender más rápido el Reino de Dios.

5

AQUI TODOS SOMOS VERDES

Cuentan que en una ocasión había un autobús de una parroquia católica muy especial, donde continuamente tenían dificultades.
La razón de esos choques era principalmente porque algunos consideraban que se estaba siendo injusto con ellos por motivos racistas, ya que en ese autobús de dos pisos siempre los más "blancos" iban arriba y los de color café u obscuro les tocaba ir siempre abajo.

Sin embargo, muchos de los que iban arriba decían que no, que eso no era así, que en realidad era igual y que además ellos habían llegado primero.
Por fin un día llego un líder católico a ese lugar y con firme decisión dijo a todos los presentes:
"Vengan para acá. De aquí en adelante, para que no haya diferencias por cuestiones de raza o color, ahora ya no va a haber ni blancos ni oscuros en esta parroquia. En adelante, ***aquí todos seremos*** *verdes. ¿Me entendieron? Si, contestaron todos a una sola voz llenos de esperanza y alegría.*
Muy bien -dice el líder católico.

Ahora vamos a subirnos todos como hermanos al autobús: *«Los "verde claro" se van arriba y los de color "verde oscuro" se van pa'abajo».*

¡Oh my God!, como dice el americano. De plano, el que quería solucionar todo, salió igual o peor todavía. Sin duda que ésta es una tentación muy actual para todos los servidores que vivimos en Estados Unidos.

Se habla tan poco de todas las formas disimuladas o sutiles de cómo se manifiesta el racismo hacia adentro de la Iglesia y sin embargo, es el "Pan nuestro de cada día" y en todos los niveles. No solamente hacia el latino o hacia el afroamericano, pues también internamente entre los mismo latinos lo hay hacia otros que no son de su país; por tener una educación más baja o porque en ese parroquia la mayoría son de un determinados país, sea cual fu era.

Algo similar pasó en los inicios de este país cuando en algunas parroquias a los alemanes se les envió a celebrar la misa en el sótano, pues los irlandeses daban más dinero que ellos en las colectas.

Que increíble que en estos tiempos todavía existan actitudes y estructuras eclesiales con un tinte racista contrario al Evangelio, tentación en la que es fácil caer por ser tan disimulada como la de "aquí todos somos verdes". Por eso es más difícil de cambiarlas. Algunas frases que lo reflejan son:

* Yo no soy racista, dice un hispano, pero mi hija no se casará nunca con un negro.

* Aquí solo celebramos a la virgen de guadalupe, los que no son mexicanos deberían de quererla igual que nosotros.

* Aquí no somos racistas, por eso permitimos que una vez al mes se haga la segunda lectura en español.

* En nuestra diócesis se valora al hispano, pues tenemos directora para el ministerio hispano. Llámenle por favor, pero que sea alguien que hable inglés, porque ella no habla español.

* Nosotros sí queremos a los americanos, pero como en esta parroquia hay pocos, mejor nos enfocamos en retiros solamente en español.

* Gracias a Dios tenemos miles de hispanos en la misa y son bienvenidos. El 12 de diciembre celebraremos a la Guadalupana, traigan a sus hijos, pues todo será en inglés y sus niños les podrán traducir.

* Yo quiero a este país que me ha ayudado, por eso no me interesa aprender inglés.

* Para qué vamos a ofrecer algo a los afroamericanos si ni a misa vienen. Además solo hay 1,000 familias de ellos en nuestra parroquia.

* Somos abiertos a todos los hispanos, lo que pasa es que algunos casi no dan dinero en la colecta y pues... no es que nos interese el dinero, pero no es redituable.

* En la Iglesia deberían de apoyarnos más al hispano, dice la señora López que es catequista. Llega su hijo y le dice: "Hey Mom, can you come over a moment? I don't understand this because its in spanish". Traducido: "Ándale mama échame la mano. No entiendo ni papas porque está en español". Se imagina. Tanto valora su cultura que ni a sus hijos les enseña a hablar su propio idioma. De esto hay hasta de sobra.

* Finalmente. En la Iglesia, dicen algunos: no hay racismo, "aquí todos somos verdes".

A muchos se les olvida que **extranjeros somos todos** y que nuestra patria verdadera es la del cielo.

Sucedió que en 1826 el obispo John Dobois fue designado pastor para la diócesis de Nueva York. Como el era francés, hubo mucha oposición de los católicos irlandeses que en ese tiempo eran la mayoría en la Iglesia.

Entonces uso unas palabras muy importantes para nuestro tiempo, donde todavía hay muchas huellas de un racismo eclesial actual, sutil pero real.

El dijo:
«¿Quiénes son esos que ponen reparos <u>a mi nacimiento en un país extranjero</u>?, preguntó: ¿No son ellos igualmente extranjeros? ¿Acaso los Apóstoles que envió Jesucristo a predicar eran nativos de los países a donde fueron? O ¿Acaso San Patricio es menos Patrón de Irlanda por haber nacido en Francia?

Que tremenda lección que algunos servidores norteamericanos e hispanos siguen sin entender. Hoy urgen católicos que luchen por extirpar este cáncer espiritual de un nacionalismo y racismo(Gal 3,23-26) que en la Iglesia solo daña y sofoca al Espíritu de Dios.

Parte de este racismo disfrazado es el que algunos líderes republicanos están haciendo contra los inmigrantes indocumentados a los que constantemente persiguen buscando formas de hacerles la vida imposible en este país. Que bueno que Jesucristo no vino por acá porque lo más probable es que estos mismos políticos le hubieran mandado al sheriff Arpaio para que revisara si traía sus papeles en regla o su "Green card".

Con que razón el Exmo. Cardenal de Chicago, IL Francis Eugene George dijo:

«... que podamos entrar al nuevo milenio libres del pecado del racismo."

Sin duda, un apostolado interno y externo urgente a realizar.

6

JERICO: LA ESTRATEGIA DEL PERDEDOR ACTUAL

Al final del libro del Deuteronomio encontramos que la misión de Moisés terminó cuando liberó al pueblo de Israel de la esclavitud. Llegó frente a Jericó mirando la tierra prometida, pero no pudo entrar, pues allí murió este gran servidor. Su sucesor fue Josué, hijo de Nun.

Es a él al que le tocará entrar a la tierra prometida conquistándola para el pueblo de Israel. Eso no fue fácil, ya que estas tierras estaban habitadas y esos pueblos nunca dijeron:
«Ah bueno... como ya llegó el pueblo de Dios nosotros ya nos vamos y muchas gracias por todo».

No. Tuvieron que luchar y al primer pueblo que enfrentaron fue a JERICO. La estrategia que ***Josué siguió fue dada por Dios y salieron victoriosos.***

> *"Yahvé dijo a Josué: Te entregaré la ciudad, su rey y todos sus hombres de guerra. Para esto, ustedes tendrán que dar una vuelta a la ciudad durante seis días... el día séptimo darán siete vueltas y cuando suenen las trompetas todo el pueblo subirá al ataque, dando su grito de guerra.*
> *En ese momento se derrumbarán los muros de la ciudad y cada uno entrará por lo más directo.*
> Jos. 6, 2-5

Eso lo dijo Dios y exactamente eso pasó. **Ellos siguieron la estrategia que Dios les dio** y salieron adelante derrotando a ese pueblo. Pero lo importante que queremos resaltar es el descubrir lo siguiente:

¿Cuál fue la estrategia que siguió el pueblo de Jericó que los llevó a ser derrotados?

¿Qué fue lo que ellos hicieron mal?

¿Qué significado tiene eso para nosotros?

Sin querer profundizar en el aspecto histórico o exegético, ¿Qué hizo el pueblo de Jericó que de una manera simbólica nos enseña a nosotros a no hacer lo mismo para no ser derrotados en la vida espiritual?

¿Cuál fue su error que se ha convertido en una tentación para el servidor moderno en la Iglesia?

¿Cuál es la estrategia perdedora de Jericó que hay que evitar?

Leamos atentamente lo que nos narra la Biblia sobre este aspecto:

*«Los habitantes de Jericó habían cerrado la ciudad y puesto sus cerrojos para que no entrarán los israelitas: **Nadie entraba ni salía**.»*

Jos 6,1

Esta fue la causa de su derrota. **Pensaron que si sellaban bien para que nadie entrará ni saliera**, con eso bastaba para ganar, ***y fue al revés***. Se imaginaban que para sobrevivir y fortalecerse era suficiente el cerrar toda posibilidad a que entrará el otro.

ìQue tremendo error! y que gran enseñanza encontramos en esto. La tentación y causa de que muchas parroquias, grupos, ministerios, movimientos o hasta diócesis ya no crezcan o mueran espiritualmente en el poder de la rutina y la mediocridad es seguir exactamente la misma estrategia que Jericó.

Nadie Entra Y Nadie Sale

Estos son algunos signos de una persona con estrategia perdedora:

- Aquí no cantamos esas alabanzas porque no son de nuestro movimiento. *Nada entra.*
- A ese curso sobre el Espíritu Santo no vamos porque nosotros no somos de renovación. *Nadie sale.*
- Hermano no vaya a la reunión que va a haber porque la organiza las comunidades de base y nosotros somos renovados. *Nadie sale.*
- En esta parroquia(o diócesis) no necesitamos que venga alguien de afuera a enseñarnos nada. Aquí lo tenemos todo. *Nadie entra.*
- De este movimiento (o parroquia) no se va nadie a servir a otro lugar. El que quiera servir que lo haga

aquí, porque hace mucha falta. Que no sean candil de la calle... *nadie sale.*

- Si es grupo de oración debe de estar bajo mi autoridad como Director carismático, si no, entonces hay que desaparecerlo.
- Si aquí llevamos el SINE (Sistema integral de evangelización), entonces No tenemos necesidad de que haya otros movimientos. O SINE o Nada. *Nadie entra.*
- Soy mariana y con ella lo tengo todo, no necesitamos ir a cursos de Biblia ni de defensa de la fe. Con el rosario y las apariciones tenemos lo justo. *Nadie sale.*
- A eso de las ultreyas no hace falta ir porque nosotros somos catequistas, no cursillistas. *Nada sale.*
- Al revés también se llega a dar: Si no es algo de colores (cursillistas) yo no voy. ¿Para qué? *Nadie sale.*
- Aquí en los neo catecúmenos lo tenemos todo. Los demás movimientos están incompletos. O es nuestro o Nada. *Nada sale y nadie entra.*

Desgraciadamente así podríamos llenar varias páginas con actitudes similares. La teoría de estos servidores es la misma que hizo fracasar a Jericó: levantar murallas alrededor, ponerle tres candados y remachar la puerta negra: ***Nadie entra, nadie sale.***

Esto, en la mayoría de las veces, no es provocado por los movimientos o parroquias sino por coordinadores/líderes que creen que de esta manera están ayudando, cuando en realidad es todo lo contrario.

Algunos hasta llegan a decir: "Nuestro movimiento es el mejor y más necesario en la Iglesia..."

No son los movimientos o ministerios los que están mal sino el líder que crea esta actitud. Parece que muchos de nuestros líderes se fueron de vacaciones a Jericó y les aprendieron algo.

Se nos olvida que:

En el Reino de Dios todos necesitamos de todos. Eso es ser católicos.

Hay que dar y hay que recibir. Nadie tiene el monopolio de la verdad pastoral ni la autosuficiencia espiritual. Que valioso va a ser cuando comprendamos y pongamos en práctica todo esto.

Hace poco el Papa Francisco dijo:

"la Iglesia – observó – es católica porque es la '**Casa de la armonía**', donde unidad y diversidad saben conjugarse para ser riqueza. Pensemos en la imagen de una sinfonía, que quiere decir acuerdo y armonía, varios instrumentos suenan juntos; cada uno mantiene su timbre inconfundible y las características de sonido de ponen de acuerdo sobre algo común.

Y el Papa añadió: "Pero en la misma fe se puede pensar así. ¿O tendemos a uniformar todo? La uniformidad mata la vida. La vida de la Iglesia es variedad, y **cuando queremos poner esta uniformidad a todos, matamos los dones del Espíritu Santo.** Oremos al Espíritu Santo, que es precisamente el autor de esta unidad en la variedad, de esta armonía, para que nos haga cada vez más 'católicos', es decir, en esta Iglesia que es católica y universal.

Más directo ya no se puede.

Como Iglesia nos estamos perdiendo de la riqueza espiritual que el Espíritu Santo suscita a través de los demás hermanos, movimientos, corrientes teológicas etc.

Hay que dejar que entren aires de renovación y complementación a nuestro servicio y también que salgan a dar a otros lo que el Espíritu nos ha regalado.

En un mundo donde en todos los niveles incluyendo el internacional se habla de globalización, intercomplementariad, actividad multidisciplinar e interdependencia es increíble que se quiera navegar en contra de este hecho.

Es tiempo de vivir realmente como Iglesia (Ekklesía=asamblea de creyentes) católica ***y no como francotiradores espirituales haciendo cada quien la obra por su cuenta*** como si no existiera más movimiento, línea de pastoral o espiritualidad que a la que pertenecemos.

Hay que superar esta gran tentación de la modernidad con sectarismos internos, fruto de temores e inseguridad.

Ya pasó el tiempo de los bloqueos y persecuciones al estilo Estados Unidos y Cuba. Muchos han comentado que el mensaje central del Papa Juan Pablo II en su visita a Cuba se podría resumir en su famosa frase de:

"Que Cuba se abra al mundo y que el mundo se abra a Cuba"

Si en el plano social es inaceptable el aislamiento, en el plano espiritual con mucha mayor razón no debe de existir.

Por ningún motivo debemos de seguir estrategias perdedoras como las de Jericó: nadie entra y nadie sale.

Es en este tiempo de gracia y a inicios del tercer milenio que debemos hacer vida la doctrina paulina sobre el cuerpo místico con sus dones:

> *«Hay diferentes dones espirituales pero el Espíritu es el mismo.* ***Hay diversos ministerios pero el Señor es el mismo****. Hay diversidad de obras, pero es el mismo Dios quien obra todo en todos... Dios, al organizar el cuerpo, tuvo más atenciones por lo que era último, para que no se dividiera el cuerpo; todas sus parte han de tener la misma preocupación unas por otras.»*
>
> 1 Cor 12,4-6.24-25

Unidad no quiere decir uniformidad. Considerar que todos deben de ser de una sola linea de pastoral es ir en contra de la misma naturaleza de la Iglesia.

Quitemos ideas feudalistas como las de aquel líder que amenaza a los grupos que no quieran estar bajo su autoridad o línea de pastoral.

Mientras sea algo católico y no de sectas protestantes, todo está bien, si se está unido al obispo y al Papa.

Nos urgen servidores capaces de no seguir la estrategia derrotista de encerramiento de Jericó y que se decidan a vivir y provocar que en la Iglesia se viva:

LA UNIDAD DENTRO DE LA DIVERSIDAD

V

Frente a las sectas y la Nueva era

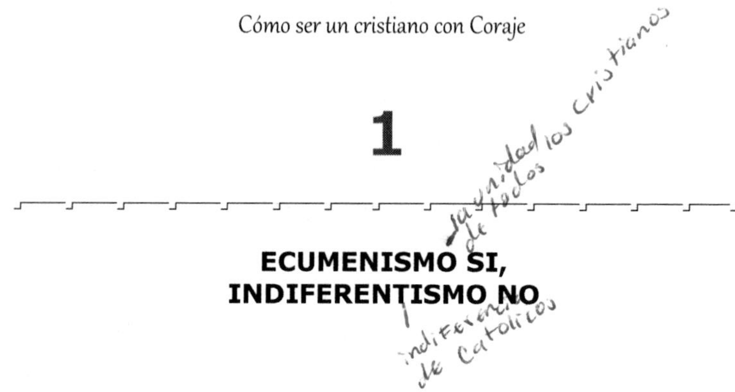

1

ECUMENISMO SI, INDIFERENTISMO NO

Introducción.

El fenómeno de las sectas en muchos lugares ha causado mucho daño a las comunidades católicas. El sectarismo se nutre de católicos y al respecto ya ha habido estudios muy profundos y propuestas pastorales muy concretas.

En el área de dar una respuesta a los ataques u objeciones de las sectas, un libro excelente que te recomiendo es el de **Respuestas Católicas inmediatas**. En él encontrarás una respuesta directa a las principales objeciones que ellos hacen: La virginidad de Maria; Las imágenes, el Papa, la intercesión de los santos; la verdadera Iglesia; la Cruz; el purgatorio etc. Es por eso que aquí nos enfocaremos mas bien a presentar algunas reflexiones de análisis en relación con la actitud a tomar frente a las sectas y la nueva era.

En esta parte del libro, profundizaremos sobre algunas actitudes que se están tomando como servidores y pastores con las ovejas a nuestro cuidado.

Ecumenismo Si, Indiferentismo No.

Una de las grandes aportaciones del Concilio Vaticano II es la toma de posición de la Iglesia en relación con las otras Iglesias. Fruto de esta nueva actitud es el documento "Unitatis Redintegratio", el cual nos enseña en que consiste el ecumenismo, cuales son los principios que lo sostiene y algunas directrices concretas para llevarlo a cabo.

En resumen, nos dice que el ecumenismo es la actitud de búsqueda de la Unidad de los Cristianos mediante diferentes iniciativas y actividades. El Alma de esta búsqueda de Unidad es el Espíritu Santo y se da mediante la **Oración** compartida con hermanos de diferentes confesiones religiosas **y el diálogo** como medio para lograr la unidad más plena.

Es a partir de ese momento cuando el Ecumenismo tomó su "carta de ciudadanía" en la Iglesia y las iniciativas que ya se realizaban se empezaron a multiplicar. En la Iglesia Católica casi todas las materias y áreas de pastoral tienen un acento ecuménico.

El resultado es que se ha avanzado mucho en este aspecto sobre todo en países de Europa y en otros donde la Iglesia católica es minoría. Sin embargo, al mismo tiempo, sucedió el explosivo crecimiento del sectarismo fundamentalista en América latina y en otros países: testigos de Jehová, mormones, luz del mundo, pentecostales radicales, sabatistas, evangélicos etc.

Lo que pasó es que en muchos lugares **hubo católicos, en todos los niveles**, que entendieron que no había ningún problema si se dejaba de ser católico para irse a esos grupos, pues en ellos también se encontraban algunos medios de salvación.

Pensaron comprender el ecumenismo como un indiferentismo religioso donde daba lo mismo ser católico que de cualquier otra Iglesia. A parte de muchas otras causas de consideración, sin duda que un malentendido ecumenismo o ecumenismo ingenuo provocó que las puertas se dejaran abiertas, de par en par, para el proselitismo agresivo de las sectas. Sin duda que este es todavía uno de los factores más determinantes que han influido y agravado el problema.

Los resultados no se dejaron esperar. Según los últimos estudios realizados y tomados de diferentes fuentes algunos datos son los siguientes:

+ En Guatemala cerca del 45 por ciento ya es protestante.

+ En Chile ya es el 25 por ciento.

+ En Brasil hay más de 2000 radiodifusoras evangélicas.

+ En Puerto Rico casi el 50 % ya es evangélico.

+ En América Latina cada dos minutos una persona deja de ser católica.

Usar el ecumenismo como signo de modernidad, pero con un desconocimiento de sus principios, directrices y de un contexto latinoamericano de explosivo proselitismo sectario es favorecer la división. Esto es plenamente contrario a la actividad ecuménica.(Cfr. Unitatis Redintegratio en el Vaticano II y el Directorio para el ecumenismo.)

Muchos católicos, incluso líderes, **han dejado de escandalizarse ante las divisiones** e incluso hay muchos lugares donde el mismo pastor católico envía a las ovejas al culto de cualquier iglesia o secta y hasta pide a los católicos que aporten dinero para la campaña protestante. **Ver las divisiones como un "status" ya establecido no es ecumenismo, eso es indiferentismo.**

Es por eso que cuando salió hace poco el documento "Dominus Iesus" fueron muchos los que pensaron que estábamos retrocediendo, pues como allí se aclara y precisa el valor de Jesucristo y de su Iglesia en el Plan de salvación, muchos se sorprendieron.

Lo que pasó es que ya era muy común encontrar líderes católicos(catequistas, teólogos, religiosas, sacerdotes, obispos...) que pensaron que el indiferentismo eclesial era algo normal y bien visto por el magisterio de la Iglesia. La 'Dominus Iesus' dice asi:

«Los fieles están obligados a profesar que existe una continuidad histórica --radicada en la sucesión apostólica--[53]entre la Iglesia fundada por Cristo y la Iglesia católica: "Esta es la única Iglesia de Cristo [...] que nuestro Salvador confió después de su resurrección a Pedro para que la apacentara (Jn 24,17), confiándole a él y a los demás Apóstoles su difusión y gobierno (cf. Mt 28,18ss.), y la erigió para siempre como "columna y fundamento de la verdad" (1 Tm 3,15)» D.I. No. 16

El líder del siglo XXI o cuida sus ovejas como verdadero pastor promoviendo también una Nueva Apologética o correrá el riesgo de convertirse en un asalariado. **Ecumenismo Sí. Indiferentismo No.**

Juan Pablo II pidió a los obispos que promuevan un «sano ecumenismo», un auténtico diálogo con los cristianos de las demás confesiones PERO que no haga concesiones a la verdad.

Esto lo dijo el pontífice al recibir a un grupo de obispos brasileños que concluían su visita quinquenal «ad limina» al Vaticano. Ahora bien, aclaro, «esto no debe llevar a un cierto indiferentismo que ponga al mismo nivel, por un falso irenismo, todas las opiniones».

Una vez más: **Ecumenismo SI, Indiferentismo NO**.

2

LA PARABOLA DEL CHUPACABRAS

Había una vez un pastor, que al salir por la mañana fue a dar de comer a sus ovejas, pero su sorpresa fue grande, ya que le faltaba una. Entonces se quedó pensando y dijo: ¿Qué habrá pasado?
Al siguiente día se le habían desaparecido diez más. Entonces pensó más seriamente y dijo: ¿Habrá sido un perro?

A la mañana siguiente le faltaban otras cuarenta y pensó: «No lo voy a permitir, voy a estudiar para saber que está sucediendo. ¿Sería un lobo feroz?

Al otro día ya le faltaban ochenta y dijo: «Ahora sí, tomaré las cosas con seriedad y haré una investigación y un análisis socio-económico para descubrir al que se las está robando».

Actualmente este pastor es un experto y tiene un doctorado en estudios socio-religiosos sobre el robo de ovejas. Al parecer, le quedan solamente, **dos ovejas.**

Tal vez no haga falta explicar esta parábola, pero por si acaso, hacemos un breve comentario. **Pobre pastor.** Que le importaba si era un perro, un coyote, un lobo o el chupacabras el que se estaba llevando las ovejas.

Se hubiera movido y hecho algo como el poner la cerca más alta o con vigilantes y hasta con techo por si acaso era el chupacabras y no fuera a entrar por la parte superior. En fin. Ahora sí, "que entienda el que pueda".

Discúlpeme, pero mejor sí lo voy a explicar más, por si alguno todavía no la ha entendido.

Muchos teólogos y pastores se confundieron y se enfrascaron en una discusión sobre cómo llamar a los que se estaban llevando a los católicos a su grupo. Les llamaban grupos religiosos, cultos, nuevos grupos religiosos, sectas, Iglesias, grupos libres etc. Algunos todavía siguen discutiendo eso... Como en la parábola, lo importante no era saber quién se llevaba las ovejas, si era un amigo o un enemigo. *Lo importante era hacer algo* ***para que no le robaran más ovejas***.

Si eres pastor, servidor o líder, lo importante no es cómo llamarle ni hacer una investigación y sacar un doctorado en análisis fenomenológico sobre el por qué se llevan a los católicos a una secta protestante, sino hacer algo inmediatamente para evitar que las sectas se sigan nutriendo a costa del catolicismo. **Hay que cuidar las ovejas aunque sea del chupacabras.**

Un ejemplo de esto es la exhortación apostólica Ecclesia In América que nos señala:

Los avances proselitistas de las sectas y de los nuevos grupos religiosos en América no pueden contemplarse con indiferencia".

(No. 73)

Hay que ser más astutos y cuidar el rebaño que Jesucristo nos ha encomendado. Dios nos pedirá cuentas a los que cerremos los 'ojos' a esta realidad.

3

CUIDADO CON EL SIDA ESPIRITUAL

La llamada enfermedad del siglo, el Sida, consiste básicamente en lo siguiente: En la sangre tenemos glóbulos blancos, glóbulos rojos, plasma y plaquetas; cada uno de ellos con sus funciones específicas.

La persona que contrae el SIDA más que enfermarse de algo, sufre una deficiencia en los glóbulos blancos. La función de estos, es la de defender al organismo y el sida los debilita. Es por eso, que a la persona con sida se le complica cualquier enfermedad y termina por morir. No importa si está bien de glóbulos rojos, de plasma y de todo lo demás.

Muy similar es el caso del sectarismo y de la Nueva era viéndolo como un sida espiritual. Mucha gente se pregunta el por qué hay servidores y catequistas que se van a las sectas siendo que estaban en grupos y ministerios de la Iglesia. ¿Por qué se fueron si ya estaban evangelizados y en comunidad? ¿Por qué se van si que servían en la Iglesia?

La respuesta es la misma que para el sida. El problema es que a muchos católicos, aun a los 'evangelizados' y 'comprometidos' les faltan glóbulos blancos. No tienen defensas para su fe aunque anden muy bien de glóbulos rojos. Al no saber "dar razones de su esperanza" (1 Pe 3,15) son presa fácil de la agresividad y cuestionamiento de las sectas.

Son muchos los casos que hemos conocido en diferentes ciudades y países donde catequistas, lectores; miembros del coro; cursillistas, carismáticos, legionarias de Maria, neocatecumenos, seminaristas y hasta algunas religiosas y sacerdotes han ido a engrosar las filas del sectarismo.

Esto de ninguna manera significa que estos movimientos y ministerios estén mal. ìNo! Lo que pasa es que simplemente **les faltó integrar la defensa de la fe como un elemento más en su formación que les proveyera de glóbulos blancos espirituales para fortalecer su identidad como católicos.**

Ser cristiano hoy en día es incorporar como elemento integrante de la evangelización una nueva apologética (defensa de la fe) en la comunidad parroquial; en los movimientos y ministerios y en los Institutos y centros de formación. Si deseas hacer esto te recomiendo el libro Respuestas Católicas Inmediatas.

Distribuye glóbulos blancos entre toda la comunidad y notarás la diferencia en este aspecto. Por algo el catecismo dice lo siguiente:
«... por el sacramento de la confirmación los bautizados se unen más íntimamente a la Iglesia y son enriquecidos con una fortaleza especial del Espíritu Santo. De esta forma se comprometen mucho más, como auténticos testigos de Cristo, a extender y **defender la Fe** con sus palabras y sus obras»
No.1285 del Catecismo Universal de la Iglesia

Defender la fe **no es algo opcional** y es un tremendo error y desobediencia al magisterio el dejar de promoverla por todos los medios.

4

A MI NUNCA ME VAN A CON VENCER

Cuando se habla del crecimiento de las sectas religiosas una de las expresiones que comúnmente sale a relucir, de parte de algunos católicos o de algunos miembros de la jerarquía, es la ya famosa frase de: "a mí no me van a convencer". Con esto quieren decir que no hay ningún problema, pues ellos están muy seguros y firmes en su fe.

Es común oír a algunos pastores católicos decir que no hay problema si hay muchas otras Iglesias alrededor de su parroquia haciendo proselitismo, que Él tiene a muchos amigos que son pastores protestantes y por supuesto nunca lo convencerán.

Suena bien y hasta algunos pensarán que eso es ecumenismo, pero se les olvida un pequeño detalle: **El lobo come ovejas, no come pastores.**

Pensar de esa manera es una tremenda falta de visión y perspectiva, pues no se trata de pensar en uno mismo como servidor y pastor, sino en las ovejas que son las afectadas y las que busca el lobo.

El Papa Juan Pablo II en su mensaje de apertura de la Conferencia General del Episcopado Latinoamericano reunido en Santo Domingo habló de que había algunos que andaban "como lobos con piel de oveja". Estaba citando el Evangelio de San Mateo 7,15 para hacer referencia al proselitismo de las sectas. El no olvidó que el pastor no se apacienta a si mismo; el pastor es el que apacienta a las ovejas.

Pensar: "a mi no me van a convencer" mientras se llevan a millones de ovejas a las sectas, no solamente es egoísmo, es ser un moderno Caín en toda su magnitud, pues en otras palabras están repitiendo la misma frase con toda tranquilidad:

"Que acaso soy yo el guardián de mi hermano"
Gen 4,9

Quien piensa así, ya olvidó que ya convencieron a su tío, su primo, su hermano y hasta a su vecino. En varios lugares me han dicho los servidores como su familia se ha ido poco a poco a las sectas.
Hoy en día es urgente que cada católico se preocupe por la fe del hermano católico para ser un auténtico cristiano. Con mayor razón todo servidor (agente de pastoral) debe de hacerlo:
«Si todo cristiano, afirman los padres sinodales, ***debe estar dispuesto a defender la fe*** *y a dar razón de la esperanza que vive en nosotros (cfr. I Pe 3,15), mucho más los candidatos al sacerdocio y los presbíteros..."*(51b)

Afirmación que hizo el Papa Juan Pablo II en su exhortación apostólica post-sinodal Pastores Dabo Vobis, la cual habla sobre la formación permanente del sacerdote.

Es tiempo de corregir el rumbo o el continente de la esperanza se puede convertir en el de la desesperanza.

Defiende tu fe y prepara a todos los que están a tu alrededor a que sepan hacerlo.

5

ENFRENTANDO POR LA LATERAL

Últimamente he tenido la oportunidad de estar en reuniones con sacerdotes y con laicos explicándoles los programas que tenemos para enfrentar el sectarismo y cómo hemos tenido excelentes resultados cuando se aplica en toda su magnitud.

Uno de los aspectos que les comento y que más les hace meditar al respecto es que en casi todas las diócesis del mundo donde tienen este problema ya se han hecho análisis y estudios de cómo enfrentar este fenómeno; Al mismo tiempo, han hecho muchas propuestas de solución de todo tipo, pero *la realidad es que después de algunos años, el problema sigue igual o peor que después del estudio que realizaron y las propuestas que siguieron.*

A mi manera de ver, han hecho análisis parciales y erróneos sobre el fenómeno. Comúnmente las conclusiones son las mismas en todos los lugares del mundo y son las siguientes:

- Se van porque allá encuentran fraternidad y atención personal, entonces debemos formar y favorecer las pequeñas comunidades en sus diversas formas.(ceb's, pequeñas comunidades, grupos de oración etc.)
- Otros dicen que la causa es la ignorancia y falta de

- formación en la fe. Por lo tanto hay que implementar programas de catequesis en todos los niveles, incluyendo más centros de catequesis en las parroquias y decanatos.
- Otros afirman que la gente se va porque no están evangelizados. Entonces lo que hay que hacer con urgencia es evangelizar a los bautizados; Intensificar los retiros de evangelización; el Kerigma; el cursillo; el SINE (sistema integral de evangelización) y otros similares. Kerigma hasta en las pláticas pre-bautismales.
- Unos mas afirman que se necesita una liturgia más viva y participativa, por eso es necesario la formación litúrgica y la aplicación de la reformas litúrgicas del Vaticano II. Además de la promoción de una sana religiosidad popular.

Todas estas conclusiones están bien, pero la realidad es que la gente se sigue yendo a las sectas, pero ahora se van saliendo del retiro de evangelización, estando en pequeñas comunidades, habiendo vivido el cursillo y siendo catequistas. El problema no son estas acciones que se están siguiendo. **Lo que sucede es que el fenómeno de las sectas es muy específico y con todo lo anterior lo único que están haciendo es enfrentarlo <u>por la lateral.</u>**

Siendo realistas, con esas acciones no se ha podido frenar el avance del sectarismo. Pasan los años y seguir haciendo ese análisis produce los mismos resultados. MAL. Desafortunadamente en 'Aparecida" cometieron el mismo error de analizar de esa forma y su resultado fue el mismo que siguen desde hace años y que en vez de ayudar sigue provocando el avance de las sectas.

Ninguna de las acciones mencionadas es en realidad una respuesta específica a un problema específico. Todas esas acciones pastorales se tienen que hacer

independientemente del proselitismo sectario como parte de la Evangelización. Haya o no haya sectas.
La pregunta no tendría que ser por qué se van o cuáles son las causas de la deserción. Eso es lo que ha conducido a líneas de acción laterales y poco fructíferas. La pregunta tendría que ser Por qué no se quedan o por qué no permanecen en la Iglesia Católica. Esto nos llevará por otro camino a seguir.

La causa de esto y la propuesta que hacemos es la siguiente: Lo que nosotros estamos haciendo, y **ha dado excelentes resultados, es el de promover en los diferentes niveles y a través de las estructuras pastorales la renovación de una sana Apologética o defensa de la fe para fortalecer la identidad del Católico.** Con esto y con las acciones propias de la evangelización que se realizan en la diócesis, se han conjuntado las cosas para que ya haya lugares donde se ha frenado el ritmo de crecimiento del sectarismo.

Nuestra propuesta es enfrentar no por la lateral, sino de frente y de una manera estratégica. Lo hemos hecho por años en varias diócesis de una manera sistemática y los resultados han sido muy buenos.
Practicar una Nueva Apologética(Defensa de la fe) es una urgencia para ser cristianos de excelencia. De esta manera lograremos que cada católico se sienta más plenamente identificado en su fe católica.

Lograremos que cada católico diga, como dice Pedro José, mi buen amigo de Nueva York: "Tengo los pies clavados en la Iglesia y de aquí no me mueve nadie, pase lo que pase".

Ejemplo de esto es la ponencia del Exmo. cardenal Francis Eugene George.O.M.I. de Chicago dada en el Sínodo para América. Él comentó lo siguiente:

«El dialogo entre fe y cultura es diferente en América del Norte donde la fe ha sido

predominantemente protestante, del mismo dialogo en Latinoamérica donde la fe ha sido católica. Esta diferencia crea una dificultad especial para los nuevos emigrantes procedentes de Latinoamérica, que se encuentran que son una minoría(hispanos) dentro de una minoría(católicos). Los inmigrantes católicos tienen que encontrar un nuevo modo de ser católicos para preservar su fe en lo que a menudo es un ambiente culturalmente hostil. **La situación requiere una nueva Apologética como parte de la Nueva Evangelización.»**
(sexta asamblea del sínodo. VIS 97/11/21)

Es enfrentándolo directamente como el crecimiento de las sectas se podrá disminuir.

Integremos en todas las parroquias, movimientos, Institutos y Seminarios Una Nueva Apologética(Defensa de la fe) como parte de su formación y el resultado será la disminución del ritmo de crecimiento de las sectas. Esto lo hemos comprobado en muchas parroquias y ciudades.

Un enorme ejemplo de excelentes resultados es Cd. Juárez, México. A pesar de ser frontera con Estados Unidos tiene el ritmo de crecimiento de las sectas más bajo de todo el país de acuerdo a las estadísticas del INEGI(Instituto nacional de estadísticas geografía e informática.)

Allí logramos dar los cursos de apologética prácticamente en todas las parroquias. Programas de radio y televisión de defensa de la fe. La materia de apologética en el seminario y en el instituto diocesano de teología, cientos de personas preparadas para saber defender la fe y enseñar a otros etc.

Esto no es un consejo teórico sino una práctica realizada por años y basada en el libro Una nueva apologética el cual te recomiendo.

6

APOLOGETICA Y ECUMENISMO

Después de quince años de estar misionando por diferentes países, cada vez me convenzo más, de que una de las causas principales del crecimiento explosivo de las sectas es un mal entendido ecumenismo, que ha provocado en muchos líderes, un desconocimiento y rechazo hacia una Nueva Apologética. Todavía hay laicos, religiosas, sacerdotes e incluso teólogos que piensan que la Iglesia no habla de la apologética sino solamente de ecumenismo.

Para muchos la única opción pastoral en relación con las sectas es el ecumenismo, lo cual en vez de ayudar a frenarlo más bien lo ha acelerado. La razón es muy sencilla, puesto que mientras el ecumenismo está a favor del diálogo y de la unidad, las sectas están a favor del proselitismo y de la división como algo normal dentro del cristianismo.

Es por eso que si queremos ser cristianos capacitados para nuestro tiempo es necesario comprender que entre la Defensa de la fe y el ecumenismo *no hay oposición sino complementariedad.*

El Ecumenismo busca restablecer la unidad, de allí que el nombre del documento del Vaticano II que habla sobre esto sea "Unitatis Redintegratio". Al mismo tiempo, la Apologética busca preservar o cuidar la unidad ya existente "Unitatis preservatio".

Por un eufórico ecumenismo en lugares donde las sectas están avanzando y el protestantismo histórico se ha estancado, podríamos estar presenciando de una manera pasiva, y de la cual la historia nos pedirá cuentas, la pérdida de millones de católicos a otros grupos religiosos. De hecho, actualmente ya ni eufórico es el ecumenismo sino mas bien romántico donde se contempla con admiración el crecimiento de las sectas.

Seguir en esa actitud es como invertir tiempo, dinero y esfuerzos en capacitar personas a vender 'palomas de la paz' en medio de una guerra. Algunos datos que nos confirman que una acción pastoral realizada sin la promoción de la Apologética es una falta de perspectiva socio-religiosa actual son los siguientes:

a) En Estados Unidos el mayor porcentaje de incremento de 1960 a 1995 fue para las sectas fundamentalistas que tienen una fuerte tendencia anti-ecuménica de línea pentecostal. Algo semejante sucede en América Latina.

	Porcentaje de crecimiento
1) Iglesia de Dios en Cristo	+ 1299.0
2) Asambleas pentecostales	+ 1011.1
3) Iglesia evangélica libre	+ 632.3
4) Alianza misionera cristiana	+ 429.8
5) Asambleas de Dios	+ 346.4

b) Al mismo tiempo es muy significativo que hay una baja impresionante de crecimiento en las Iglesias del protestantismo histórico, las cuales tienen tendencias más ecuménicas.

	Porcentaje de crecimiento
1) Asociación bautistas americana	- 61.0
2) Discípulos de Cristo	- 46.8
3) Asoc. Bautista conservadora	- 33.0

4)	Iglesia Episcopal	- 27.3
5)	Iglesia Unida de Cristo	- 24.3
6)	Iglesia Metodista Unida	- 19.9
7)	Iglesia Cristiana Reformada	- 11.5
8)	Iglesia Presbiteriana	- 7.8
9)	Iglesia Evangélica Luterana	- 1.6

c) En cambio, TODAS las principales sectas de línea más radical y fundadas a mediados del siglo pasado han tenido un gran crecimiento. **Todas ESTAN ARRIBA DEL 100 POR CIENTO.**

	Porcentaje de crecimiento
1) Testigos de Jehová	+ 239.6
2) Adventistas del séptimo día	+ 140.4
3) Mormones	+ 204.4

d) Algunos sociólogos americanos hablan de la sureñización o californización de la religión en Estados Unidos. De sobra sabemos que esto también pasa en América Latina.
Esto significa que muchas Iglesias históricas protestantes están adquiriendo el estilo de las sectas fundamentalistas, originadas o expandidas principalmente en el sur de ese país. Lo hacen así para poder sostenerse y crecer. Ser más anti ecuménicas, fundamentalistas, conservadoras y anti-católicas es el común denominador hacia donde tienden en el país y en el continente.

Por todo esto, digamos en conclusión, **que el querer enfocar todas las baterías hacía el ecumenismo en donde el proselitismo sectario es un hecho y dejar fuera la apologética, es *tener fuera de enfoque el lente pastoral.***

Ecumenismo sin Apologética, en la sociedad actual, es realizar una pastoral descontextualizada. Si queremos ser cristianos de excelencia pastoral, no podemos cerrar los ojos al mundo de hoy pues sería desencarnar el Evangelio.

Buscar las ovejas perdidas, mientras se pierden millones de las que ya se tienen, es falta de visión pastoral. De acuerdo a estudios estadísticos realizados en América Latina el promedio fue que cada dos minutos una persona dejó de ser católica para pasarse al sectarismo.

¡Se imagina el promedio de católicos que abandonan la fe en este país de Estados Unidos donde está la sede de la mayoría de las sectas proselitistas!

De nosotros depende un cambio urgente de actitud para saber implementar ambas líneas de pastoral en su justa dimensión. Unido al ecumenismo, renovemos una Sana Apologética.

El documento que contiene las conclusiones de la "IV Conferencia General del Episcopado Latinoamericano en Santo Domingo" nos habla de que hay que:
«Instruir ampliamente, con serenidad y con objetividad, al pueblo sobre las características y diferencias de las diversas sectas y sobre las respuestas a las injustas acusaciones contra la Iglesia. Promover las visitas domiciliarias con laicos preparados y organizar la pastoral del retorno para acoger a los católicos que regresan a la Iglesia" (Cfr. 146).

En el documento de 'Aparecida' dijeron: "Hoy se hace necesario rehabilitar la auténtica apologética que hacían los padres de la Iglesia como explicación de la fe..." (Cfr. 229)

7

OJALA Y NO NOS RESPETARAN TANTO

Me invitaron a una reunión interamericana que se iba a realizar en Dallas, Texas lo cual acepté con gusto. El tema a tratar era: "Medios de comunicación, Apologética y sectas". Iban a estar presentes líderes laicos de algunos medios de comunicación católicos en el continente; sacerdotes y obispos de varios países y también personas que de una manera u otra estaban relacionadas con estos temas.

Yo daría una de las charlas en forma de breve presentación del apostolado que realizamos y gracias a Dios todo fue de mucha bendición en muchos aspectos.

Entre los exponentes principales estaba un ex-pastor protestante que se había convertido al catolicismo después de que toda su vida había sido un enemigo directo de la Iglesia. Fue al escuchar ese testimonio cuando reafirmé una de las actitudes que todo servidor actual de Dios necesita tener en la actualidad ante el fenómeno del proselitismo de las sectas.

El hermano Pastor empezó a platicar el porque de su conversión al catolicismo y en cierto momento dijo unas ideas y frases que fueron tremendas para la mayoría de los asistentes y que te darán una clave más para ser un buen líder del Señor Jesús. Sus palabras fueron:

"Hermanos obispos, sacerdotes y laicos. Durante muchos años yo tuve amigos que eran sacerdotes y con los cuales platicaba continuamente, sin embargo yo seguía siendo pastor evangélico y no pensaba en convertirme al catolicismo. La razón de esto, es que mis amigos sacerdotes nunca me hablaron de la verdad y riqueza espiritual de la Iglesia Católica basada en la Palabra de Dios.

Mis amigos sacerdotes me respetaban tanto que ellos pensaban que si me decían la verdad me iban a ofender; Si me hubieran dicho la verdad antes, yo hace mucho tiempo me hubiera convertido a la Iglesia Católica. -En ese momento hizo una pausa y dijo- **Ojala y no nos respetaran tanto y muchos más se convertirían a la verdadera Iglesia de Jesucristo**."

Que palabras tan tremendas y que tan reales hoy en día cuando hay muchos líderes católicos pensando que ser ecuménico *es callar la verdad del Evangelio por temor a ofender* con la verdad completa de la Buena Nueva.

Si queremos enfrentar cristianamente el crecimiento de las sectas hay que quitar ese mito que se ha formado de pensar que no hay que decir la verdad para no ofender al hermano protestante o al de cualquier religión. La Verdad sobre Jesucristo, el hombre y el mundo no podemos mutilarla por un falso respeto.

El mismo Jesucristo nos puso ejemplo de esto y por eso en muchas ocasiones fue rechazado.

Es necesario ***decir la verdad completa*** del evangelio(Jn 16,13) a todo hombre, incluyendo a protestantes, evangélicos, mormones, testigos de Jehová y otros.

Hasta el católico común y corriente cuando está platicando con alguien que no es católico sale con la ya famosa frase de: "mejor ya no hay que hablar de religión y vamos a respetarnos. Tú me respetas a mí y yo te respeto a ti".

Es tiempo de cambiar todo esto y prepararnos para anunciar de una forma plena y a todos el mensaje de salvación. Empecemos a formarnos como servidores para saber defender nuestra fe dando razones de ella(1 Pe 3,15).

Resumiendo esta idea, los padres del Concilio Vaticano II lo dijeron asi:
"Por su parte todos los hombres están obligados a buscar la verdad, sobre todo en lo referente a Dios y a su Iglesia, y, una vez conocida, a abrazarla y practicarla".
Declaración "Dignitatis humanae" No. 1.

Por lo tanto, para que ellos la puedan abrazar es necesario predicarla dejando de lado la falacia de un falso respeto que aleja a las personas de disfrutar de la verdad completa del Evangelio(Hech 4,19).

No temas a decir la verdad completa pero hazlo con caridad y sin presionar. Como dijo San Roberto Belarmino: «Practiquemos, la Caridad de la Verdad».

La verdad se propone, no se impone. Compártela, esa es nuestra obligación:

«Ay de mi si no evangelizo»
1 Cor 9,16

8

ULTIMAS CONSIDERACIONES DEL MAGISTERIO

Un último aspecto a considerar en relación con las sectas y la Nueva Era es el de ver qué es lo que el magisterio de la Iglesia ha estado diciendo durante estos últimos años. Desafortunadamente, todavía es común encontrar católicos que piensan que la Iglesia no está hablando nada, ni de las sectas, ni de la nueva era, ni de defender la fe. Bajo diferentes instancias y en diversos lugares veamos que ha dicho lo siguiente.

- El Papa Juan Pablo II cuando recibió a los consejeros y miembros de la Pontificia Comisión para América Latina afirmó "que los desafíos que se presentan a la tarea evangelizadora de las naciones latinoamericanas son muchos. «Uno de ellos -dijo- **es conservar, defender y acrecentar la integridad de la fe.** (...) En este sentido, es necesario prestar especial atención **al problema de las sectas**, que constituyen 'un grave obstáculo para el esfuerzo evangelizador".

- El Cardenal Norberto Rivera Carrera, Arzobispo Primado de México, denunció que el «proselitismo agresivo, así como los falsos profetas y mesías» son algunas de las causas de la falta de acercamiento a Dios y del vacío espiritual de la población. El Cardenal Rivera Carrera manifestó que: «**las sectas y los falsos profetas, que surgen como hongos por todos lados, propician que la Iglesia verdadera se desvanezca** y la religión se convierta en una grotesca caricatura del Evangelio».

*Hace unos años la CAL(Comisión Pontificia para América Latina) dijo lo siguiente:

"Se establece así que más de 60 por ciento del universo protestante latinoamericano es pentecostal y está formado en una actitud fanáticamente anti-católica.«**Con ellos -agrega- no se puede pensar seriamente en ecumenismo,** y lo mismo vale para las sectas adventistas – del Séptimo Día, Mormones y Testigos de Jehová- que además de proselitistas, son agresivas».

*A los obispos de las regiones noroccidentales de Canadá, presentes en Roma con motivo de la visita «ad limina», el Santo Padre Juan Pablo II explicó el porqué y el cómo de la apologética católica.

"Hablar con claridad quiere decir que debemos explicar de manera comprensible la verdad de la Revelación y las enseñanzas de la Iglesia. No sólo debemos repetir, sino también explicar. **En otras palabras, hace falta una nueva apologética, que responda a las exigencias actuales** y tenga presente que nuestra tarea no consiste en imponer nuestras razones, sino en conquistar almas, y que no debemos entrar en discusiones ideológicas, sino defender y promover el Evangelio.".

Por todo lo anterior es necesario que **renovemos la pastoral para que la apologética (Defensa de la fe) sea un elemento integral de toda ella.**

Si deseas prepararte y ayudar a otros a defender su fe, te recomiendo el libro de Respuestas Católicas inmediatas y el folleto una Nueva Apologética. Son excelentes en esta área de formación. También encontrarás cds, videos y mucho más material sobre cómo defender nuestra fe. Estamos en www.defiendetufe.com o llámanos al (480) 598-4320.

VI

Consejos para ser un Mal Servidor

Cuando se quiere enseñar algo, una posible técnica a seguir para que ese aspecto sobresalga, es el de poner lo contrario o contraste muy cerca de ello.

Así, cuando se está diseñando algún volante de publicidad, junto a una frase de color claro se pone una imagen de un color oscuro. Igualmente pasa con el sonido y con el video.

Cuando Jesús predicaba muchas veces hizo esto. Basta recordar 'el trigo y la cizaña', 'el camino ancho y el angosto', 'el que construye sobre roca y el que construye sobre arena' etc.

Esta parte del libro está escrito de esa misma manera. Está dedicado con cariño, amor y a veces con tristeza en el corazón, para aquellos que deseen ser unos malos servidores y malos cristianos, te lo recomiendo. Son 7 pequeñas *novelas* en las que algo muy valioso puedes encontrar.

Tal como dijo Nuestro Señor Jesucristo "que entienda el que pueda" y, ìahh!... se me olvidaba mencionar, que el parecido con la realidad es pura coincidencia.

Novela 1
LOS PSEUDODEMOCRATAS

« ìQue bueno que vinieron hermanos! La junta del día de hoy es muy importante pues tomaremos decisiones sobre el plan a seguir en la comunidad. *Recuerden que en este grupo nadie manda.* No hay coordinador, porque todos queremos trabajar. Hay que superar eso de que haya una jerarquía. Aquí somos el pueblo de Dios y todos tenemos voz y voto por igual. No importa si usted acaba de llegar o tiene poco tiempo en la Iglesia. Todos escogeremos los temas a seguir en este grupo y lo que diga la mayoría eso es lo que hay que hacer ».
¿Qué quieren que hagamos como servidores del siglo XXX?

Consejo: Esta es la mejor manera de hacer "El Evangelio Según Nuestros Gustos".

Citas a reflexionar: 1 Cor 12, 18-29; 2 Tes 2,15; Hech 15,6-12; Gal 2,1-2

Novela 2
PLANEANDO COMO PLANEAR

Hoy estamos alegres y llenos de entusiasmo porque estamos en la reunión número 227 de nuestro plan de pastoral y estamos a punto de terminar todo un proceso con el cual definiremos una metodología para empezar a reunirnos a formular el plan que empezaremos a seguir dentro de algunos años.

Unos años después... several years later...

Estamos reunidos de nuevo para revisar el plan de los próximos cinco años. El anterior no lo pudimos llevar a cabo pero adquirimos mucha experiencia sobre como planear. En esta planeación duraremos más tiempo en hacerla, para que sea mejor, pues: «aprenderemos como planear».

Consejo que dio un sacerdote con experiencia: Parecemos zopilotes estreñidos, planeando y nunca aterrizamos.

Citas a reflexionar: Sin comentarios

Novela 3
EL EVANGELIO DE SIMONIA

Mini-novelas:

* Gracias por invitarme a predicar/cantar al encuentro. Solamente van a ser $ 2,000 Dólares por día, mas hospedaje en un hotel, más los viáticos...

* Mira hija. Por esta vez te voy a bautizar sin necesidad de que vengas a pláticas... Hay me dejas unos billetitos pa' la gasolina y el perfume que te encargue.

* La entrada voluntaria para el retiro es de solamente doscientos dlls., más lo que se le acumule.

* Si no dan el Diezmo están robando a Dios. La Biblia lo dice. (Estilo protestante).

* Dale 1,000 dlls. a Dios y él te lo multiplicará al ciento por uno. Es el Evangelio *de la bolsa de valores*.

* Hoy no puede haber grupo de oración porque el salón está ocupado para el "Bingo".

* La reunión del Consejo de pastoral estará dedicada, al igual que todo el año, a ver cómo conseguir más dinero.

Consejo: Este método es muy bueno pues deja dinero... aunque no forma, ni a un solo cristiano.

Citas para reflexionar: 1 Tim 6,5; Mt 10,8 Ah... y la frase de la Madre Teresa de Calcuta: "Si tus sueños(planes) dependen del dinero que tengas, que pobres sueños tienes".

Novela 4
EL DON DE LA IMPROVISACION

Hermano si te toca dar la predicación este martes, no te apures ni te preocupes, hazle como yo. No prepares nada y deja que el Espíritu Santo te ilumine. Si preparas el tema lo haces frío y seco, no contristes al Espíritu y deja que él sople como quiera. Yo muchas veces he preparado temas y el Espíritu Santo siempre me lo cambia a la mera hora. No estudies, que ni hace falta.

Consejo: Este método es excelente para formar cristianos con Doctorado en la improvisación y en la mediocridad. Está garantizado. Te lo recomiendo. No falla.

Citas a reflexionar: Hech 19,9-10; Heb 5,11-12; Eclo 6,18-20

Novela 5
EL CLUB DE SERVIDORES MODELO ESPECIAL

Este club es solamente para servidores que están en la Iglesia. Si quieres entrar, necesitas tener los siguientes requisitos para obtener la membresía:

+ Vamos a celebrar que ya terminamos el curso que estamos dando para confirmaciones. Horas después, llegan bien ebrios junto con el que se va a confirmar.

+ ¿Qué tiene de malo ser grosero y decir malas palabras si hasta mi párroco las dice? Las estoy diciendo de cariño y además soy del mero puerto de Veracruz y así hablan por allá.

+ Miren. Que quede claro que en la Iglesia soy sacerdote, pero aquí afuera, soy como todos ustedes. (O sea: borracho, grosero y mujeriego).

+ Los invitamos a la fiesta que se hará pro-construcción de los salones para la Iglesia. "Corona invita". Habrá cerveza hasta caerse, puede traer a su compadre el lector para que estén juntos. Con esto, usted está contribuyendo pues es pro-construcción del templo. P.D. El baile será en el patio de la Iglesia. Al día siguiente se da el reporte: «Nos fue muy bien. Las ganancias fueron 8.000 dlls. ... y 200 personas bien ebrias».

Consejo: Si quieres entrar de lleno a este club, inscríbete pronto, porque hay muchas solicitudes.

Citas para reflexión: 2 Cor 6,14-15; Mt 23,3; Ap 3,15-16; 1 Cor 8,9-13; Mt 23,13-15; 1 Cor 10,31-32; Lc 21,34

Novela 6
MOVIMIENTITIS AGUDA

Bienvenido hermano al mejor movimiento que Dios ha puesto en su Iglesia. Todos los movimientos son buenos pero este es el mejor y el que tiene la solución para todos los problemas de la Iglesia. ìQue bueno que vino con nosotros!, pues si toda la Iglesia fuera como somos en este movimiento las cosas serían diferentes. Aquí no necesitamos que de otros movimientos nos vengan a enseñar. A veces ni del sacerdote necesitamos.

Consejo: Sin duda, te lo recomiendo. Es excelente para formar una Iglesia desunida y dividida. Ideal para aislarse y formar cristianos orgullosos y un sectarismo interno.

Citas a reflexionar: 1 Cor 1,10-13; Jn 17,21; 1 Cor 12, 1-31

LOS CAPITULOS ANTERIORES PUEDEN SER NOCIVOS PARA SU SALUD.

En caso de efectos secundarios o de continuar con las molestias acuda a su médico: JESUCRISTO, en el consultorio=Iglesia Católica. Será atendido por expertos: El magisterio de la Iglesia.

Oración final para este capítulo: Señor Jesucristo. Ayúdame a entender y a discernir con claridad tu voluntad y a lanzarme a realizarla. Quiero vivirla de una manera plenamente radical, pero sin caer en fanatismos ni tibiezas. Como dice el canto: «Señor hazme un radical, como el águila volar, no quiero revolotear, Señor hazme un radical».

Señor Jesús: «***Que no olvide nunca que el Evangelio no fue hecho para los cobardes ni para los mediocres***».

VII

Cristianos con Visión

1

SE A DONDE VOY

"¿No han ido a ver las carreras en el estadio? Muchos corren, pero uno solo gana el premio. Corran, pues, de manera que lo consigan... Así, pues, yo corro, ***sabiendo a donde voy****. Doy golpes, pero no en el vacío."*
1 Cor 9, 24-26

He aquí uno de los pilares a cuidar como cristianos católicos del siglo XXI. Este es uno de los grandes secretos del Apóstol San Pablo: **El tener plena conciencia de saber a dónde va.**
Solamente cuando se tiene un objetivo y una idea bien clara de la meta y de cómo llegar a ella es como se puede perseverar con entusiasmo y seguridad al realizar la Evangelización.

No se le dice nunca a un atleta: Ponte a correr para donde quieras y mas tarde te diré hacia donde está la meta; tu échale ganas. Y después de tres horas, tu síguele no te preocupes, lo importante es que te muevas. ìNo! Antes de arrancar el atleta sabe a dónde va y tiene un plan para llegar a la meta. Se prepara física y mentalmente cuidando su salud de una manera integral.

Estas son dos actitudes fundamentales de nuestro tiempo:

La primera es saber a dónde vamos, teniendo objetivos bien definidos para no caer en una pastoral de activismo donde se piensa que se va muy bien cuando se hacen muchas cosas, muchos retiros, muchas actividades, mucha construcción y mucho de lo que sea.

La segunda es tener una actitud pastoral integral para que la Evangelización se convierta en una Buena Nueva en plenitud.

Así evitaremos falsas oposiciones y disyuntivas entre Kerigma y catequesis; apologética y ecumenismo; experiencia y doctrina; oración y acción; gracia y colaboración; salvación y liberación; carisma y jerarquía; culto y evangelización... y otras tantas actitudes maniqueas en las cuales muy fácilmente se cae en la pastoral provocando desequilibrios con las consecuencias bien conocidas de extremismo y manipulación del Evangelio.

Tener una visión de líder será nuestro objetivo en estos capítulos. Cada uno de nosotros estamos llamados a ser «luz del mundo» o sea, líderes guiando a otros hacia Cristo.

Esto nos ayudará a realizar nuestro ministerio teniendo una visión integral de la evangelización y así decir junto a San Pablo : «***Se a donde voy. Doy golpes pero no en el vacío***».

2

VISION INTEGRAL DE LA PASTORAL

De diferentes formas de expresión pero con muy similares significados la pastoral se desarrolla en tres niveles principales: Pastoral **catequética, litúrgica y social;** las cuales brotan de la triple misión recibida en el bautismo de ser profetas, sacerdotes y reyes.

No podemos decir que estamos evangelizando en plenitud si parcializamos o quitamos alguna de ellas. No hay que perder de vista esta triple vertiente ni pensar que es algo opcional el aceptar o rechazar alguna de ellas.

Haciendo un recorrido por la Biblia y el magisterio de la Iglesia encontrarás que estas tres dimensiones de la fe, son parte esencial del proceso evangelizador. Cada una en su etapa correspondiente y con su dinamismo, metodología y objetivos propios. Pero al mismo tiempo entrelazadas por una fe vivida de una manera integral. La fe hay que ***conocerla*** (pastoral catequética), hay que ***celebrarla*** (pastoral litúrgica) y hay que ***vivirla*** en plenitud (pastoral social).

Unas palabras que iluminan y nos precisan este aspecto, son las que nos menciona el Concilio Vaticano II:
"La Sagrada Liturgia no agota toda la actividad de la Iglesia, pues para que los hombres puedan llegar a la liturgia es necesario que antes sean llamados a la fe y a la conversión: ¿Cómo invocarán a aquel en quien no han creído? ¿O como creerán en ÉL sin haber oído de Él? ¿Y

cómo oirán si nadie les predica? ¿Y cómo predicarán si no son enviados?(Rom 10.14-15).

Por eso a los no creyentes la Iglesia proclama el mensaje de salvación para que todos los hombres conozcan al único Dios verdadero y a su enviado Jesucristo, y se con viertan de sus caminos haciendo penitencia. Y a los creyentes les debe predicar continuamente la fe y la penitencia y debe prepararlos además para los sacramentos, enseñarles a cumplir todo cuanto mando Cristo y estimularlos a toda clase de obras de caridad, piedad y apostolado..."

Constitución sobre la sagrada liturgia No. 9

Más claro ya no se puede. **Para llegar a celebrar plenamente la liturgia es necesario que antes sean llamados a la fe (kerigma o evangelización fundamental) y a los creyentes se les debe predicar continuamente** la fe y la penitencia (crecimientos, catequesis, teología). Esa será la primera etapa, es decir la pastoral catequética o profética.

Continúa diciendo que se debe preparar a los creyentes también para los sacramentos. Esta es la segunda dimensión principal de la pastoral: preparar y celebrar nuestra fe sobre todo a través de los sacramentos. Es lo que también llamamos pastoral litúrgica o sacerdotal. La liturgia se convierte en cumbre hacia donde tiende la evangelización.

Al mismo tiempo nos menciona el Vaticano II que la Iglesia nos estimula a toda clase de obras de caridad, piedad y apostolado para que se ponga de manifiesto que somos luz del mundo. Esto es la pastoral social o regia. La liturgia es cumbre y al mismo tiempo, una fuente que nos debe impulsar y lanzar a vivir y proyectar en el amor al prójimo lo que estamos creyendo.

Resumiendo. **La labor de evangelización nos lleva a la liturgia como celebración de nuestra fe y ésta nos conduce a proyectarla de una manera real en el amor y el compromiso. Así que ni evangelización sin liturgia, ni liturgia sin evangelización. A su vez tampoco celebración de la fe sin pastoral social, ni pastoral social sin evangelización.**

El cristiano, independientemente del movimiento al que pertenezca o de la línea de pastoral que siga o de su percepción teológica, no puede mutilar o radicalizarse hacia ninguna de estas tres, pues si lo hiciera, su labor se podría llamar humanismo, política, pietismo, cultualismo, angelismo etc, de cualquiera de estos modos se le nombraría, pero no se le podría llamar evangelización.

Un cristiano de excelencia, que como Pablo quiere saber a donde va, teniendo una visión integral del apostolado, no debe quitar de su mirada este tripié sólido en su labor pastoral.

PASTORAL LITURGICA

sacramentos, sacramentales, religiosidad popular

PASTORAL CATEQUETICA

Kerigma, catequesis, apologética

PASTORAL SOCIAL

asistencial, estructural...

Preguntémonos si las tres las estamos realizando de una manera **plena y equilibrada.**

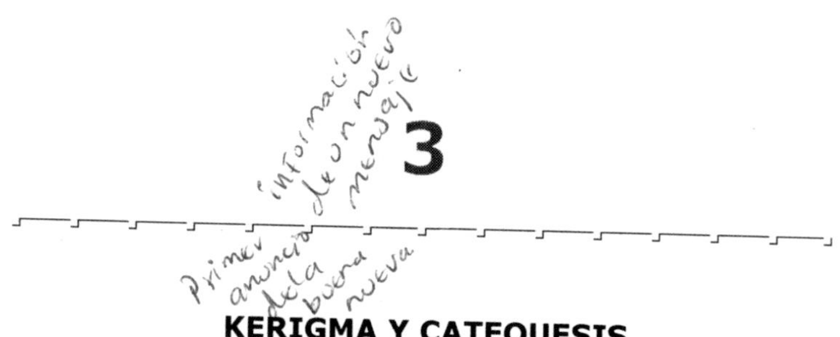

KERIGMA Y CATEQUESIS

Pasemos ahora a explicar y a orientar sobre las supuestas disyuntivas y oposiciones que surgen como fruto de doña ignorancia o de don maniqueo.
De esta manera podremos tener una visión integral de la pastoral.

Sobre la supuesta oposición existente entre ambas, donde habría que optar por una de estas dos, ya el Papa Juan Pablo II ha dicho lo siguiente en la exhortación apostólica "La Catequesis en nuestro tiempo"(Catechesi Tradendae):

> " *Es asi mismo inútil querer abandonar el estudio serio y sistemático del mensaje de Cristo, en nombre de una atención metodológica a la experiencia vital. Nadie puede llegar a la verdad integra solamente desde una simple experiencia privada, es decir, sin una conveniente exposición, del mensaje de Cristo que es " el Camino, la Verdad y la Vida" Jn 14,6 "*
>
> C.T. # 22

Así que nada de que «no importa la formación» y que lo importante es «vivir la fe», o que lo importante es 'sentir' a Dios o experimentarlo y no el estudio serio y profundo de la fe.

Desdichadamente hay algunas personas que dicen ser espirituales y piensan de esa forma, creyendo que con la pura experiencia espiritual o con el puro rosario ya conocen y tienen suficiente sabiduría para enseñarle al sacerdote y hasta al mismo obispo.

El verdadero mariano, cursillista y el buen carismático es una persona que valora y ha descubierto la gran importancia del papel del Espíritu Santo y de Maria en nuestras vidas pero **al mismo tiempo profundiza en su fe a través de una sólida catequesis que lo ayude a crecer en la vida de fe que ha recibido.** De esta actitud también los hay y el comprenderlo así nos empujará a ser líderes del siglo XXI.

Al mismo, tiempo no se puede cosechar sin antes haber sembrado. Es decir, una catequesis y una teología sin haber tenido un encuentro personal de conversión con Dios es sembrar en una carretera donde no habrá frutos.

Terminemos diciendo la frase que resumió magistralmente el Papa Juan Pablo II en su visita por la Cd. de Veracruz en México:

"Ni Evangelización(kerigma) sin catequesis, ni catequesis sin Evangelización".

4

ORA ET LABORA

Una y otra van de la mano. Ambas complementan dos elementos esenciales de la vida cristiana. Polarizar la vida de fe hacia una de ellas es ir hacia las tentaciones opuestas que pueden impedir la visión cristiana integral que debemos de tener.

Por un lado está el que se la quiere pasar orando mientras que los demás hacen lo que le toca realizar a él y por otra parte los que prefieren trabajar y hacer la actividad en vez de estar orando en el santísimo.

El primero, el que ora, muy al estilo piadoso, critica 'dulcemente' a los demás porque no les interesa el rosario ni la oración y los considera católicos de segunda clase porque no han alcanzado los niveles espirituales tan profundos como él. Pobrecitos, piensa hacia adentro de si, ojalá algún día puedan disfrutar como yo del grado de contemplación mística en que me he sumergido. Que el trabajo lo hagan ellos.

El segundo, el que trabaja, simplemente considera que las cosas hay que hacerlas pero ya. Hay que moverse y no perder tanto tiempo en las letanías lauretanas o en la oración a San Eduviges. Lo importante en la Iglesia es hacer mucho. La oración sí está bien, pero... no tanto. Yo prefiero trabajar y ayudar.

Un poco caricaturizado, pero a veces como cristianos nos movemos en estas ***arenas movedizas del activismo o del pietismo.***

Hoy en día estamos llamados a ser hombres de acción y de oración tal como claramente lo expresa el lema de los benedictinos:

ORA Y TRABAJA

Ni pura oración que nos haga distraernos de nuestras obligaciones, ni pura acción que nos impida la relación personal y constante con Nuestro Señor y Salvador Jesucristo.

La fuerza, el coraje y la santidad, en camino hacia el Tercer Milenio, la sacaremos si logramos el equilibrio entre ambas actitudes.

El Papa Francisco ha dicho:
"En nuestra vida cristiana, queridos hermanos y hermanas, ***oración y acción están siempre profundamente unidas***. Una oración que no lleva a la acción concreta hacia el hermano pobre, enfermo, necesitado de ayuda, en dificultad, es una oración estéril e incompleta. Pero del mismo modo, cuando en el servicio eclesial se está atento solo al hacer, se da más peso a las cosas, a las funciones, a las estructuras, y se olvida de la centralidad de Cristo, no se reserva tiempo para el diálogo con Él en la oración, se corre el riesgo de servirse a sí mismo y no a Dios presente en el hermano necesitado.

Como algunos lo llaman, hay que evangelizar mediante:

LA ACCION EN LA CONTEMPLACION

5

Y LA FAMILIA QUE...

Estaba mirando un programa de televisión, cuando unos segundos después empezaron los famosos comerciales. Mas, mi sorpresa fue grande, al ver uno muy especial que me recordó un aspecto integral de la fe que tenemos que cuidar como servidores. Si eres un servidor laico este elemento es indispensable, y si no lo eres, es necesario para que puedas orientar a los que sí lo son.

Esta un Señor sentado en su escritorio ocupado en su trabajo, pasan las horas y llega a su casa donde continúa haciendo lo mismo. En ese momento entra su hijo, un pequeño de unos siete años, que sin decir palabras empieza a buscar algo en el escritorio pero parece no encontrar lo que busca. Intrigado, el Papá le pregunta: ¿Qué estás buscando hijo? La agenda Papá -contestó el pequeño- más extrañado todavía el Papá le dice: Será tu libreta o algún cuaderno lo que buscas mas bien, o tal vez alguno de tus juegos.

No Papá. ***Estoy buscando tu agenda***. -Y para que quieres mi agenda-preguntó el Papá- si en ella no hay nada tuyo, sino simplemente tengo anotadas las citas de todas las personas importantes de la Iglesia con las que platicaré en esta semana.-Por eso la quiero Papá, porque la he visto muchas veces y me he dado cuenta que entre todas las citas que tienes con personas importantes no está mi nombre y hace mucho que no juegas conmigo a la pelota, ni platicas con mi hermano sobre la escuela, ni acompañas a mi mamá a comprar la comida al supermercado.

Quiero tu agenda para poner mi nombre allí, y a lo mejor yo también podría ser una persona importante para ti y así me dedicarás un poco de tiempo esta semana.

¡Que tremendo y que triste realidad! Tristemente hay servidores laicos que piensan que si no están todos los días de la semana en la Iglesia no están cumpliendo la voluntad de Dios.

Aunque también hay líderes que hacen creer eso, lo cual provoca que muchos descuiden fuertemente a su familia y un tiempo después se den cuenta que sus hijos andan mal y hasta en vicios, por estar abandonados a causa del descuido de sus padres.

Desgraciadamente en no pocas ocasiones he visto esta realidad por falta de visión integral. Hay que entender que si somos laicos siempre nuestra familia deberá de tener un lugar principal, pues es allí donde se vive la Iglesia doméstica.

No se puede dejar a Dios por Dios. Ser cristiano con visión es no permitir que alguien te confunda con esa idea extraña de que para que Cristo reine en tu vida debes de estar todos los días de todas las semanas de todos los meses en la Iglesia. Si eres laico, eso no es servir a Dios, eso es ser un mal padre y una mala madre, porque ni estando a tiempo completo al servicio de la Iglesia se debe de hacer eso.

Momento, no vayas a pensar hermano que te estoy diciendo que aflojes tu vida espiritual y de compromiso con el Reino de Dios. No. Simplemente, que si quieres ser líder con visión integral, a la familia siempre hay que darle su lugar y discernir cuándo y cuánto tiempo hay que dedicarle. Allí también se vive el Reino de Dios.

ES CUESTIÓN DE DISCERNIMIENTO

Nunca vayas a decir como un hermano que hace tiempo le decía a una persona: «Si a usted todavía le queda un día a la semana libre, eso significa que todavía no está plenamente entregada al Señor Jesús. Anótese para ayudarnos con los niños.» Este no es un líder cristiano, sino un cacique de la fe el cual no ha aprendido cuál es nuestra vocación y misión como laicos.

A propósito de esto, dicen que en una ocasión un joven estaba dando su testimonio y dijo: "Antes, cuando mi Papá tomaba mucho yo casi nunca lo veía porque él se la pasaba de cantina en cantina; Ahora mi Papá ya cambió, no toma y se ha entregado a Dios, pero sigo sin verlo y no platico con él, pues ahora se la pasa de retiro en retiro".

Así que no lo olvides:

«La familia es la Iglesia doméstica»

6

DIMENSION PERSONAL Y COMUNITARIA

Esta es otra de las falsas disyuntivas existentes en la teología y en la pastoral. Para algunos lo importante sería solamente la dimensión comunitaria de la fe, mientras que para otros lo que hace falta es resaltar el aspecto personal del creyente.

En realidad si somos cristianos con visión integral no tenemos que optar por escoger solamente una de las dos, pues en la fe tan importante es la dimensión comunitaria como la personal.

Voy a decir esto de una manera más sencilla, directa y "al grano" como decimos en México. En muchas ocasiones los libros de teología, de catequesis e incluso algunas homilías andan en un mundo que no le interesa al hombre de hoy por la sencilla razón de que son "impersonales". Para algunos teólogos lo importante es la proyección social de la fe, pareciera que no existe un "Pancho" concreto que medita y recibe esa reflexión.

Esto es muchas veces reflejado en las homilías, por eso no es nada extraño oír a personas salir de misa y decir que no entendieron nada o también encontrar a servidores y líderes laicos que no les interesa leer nada de teología, pues piensan y dicen «eso para que me sirve en mi vida».

Por el otro lado encontramos a movimientos pastorales y ministerios que con mucha vitalidad se lanzan a predicar donde un elemento de gran importancia es «cómo vivir mi fe y la salvación personal». Se valora el aspecto personal, pero comúnmente la proyección social de la fe tiene poca relevancia, de allí que la Doctrina Social de la Iglesia brille por su ausencia.

Los primeros se enfocan en la comunidad y los segundos en la persona. Esto genera mucha tensión pues pareciera que cada uno quisiera caminar paralelo al otro. **La solución es comprender que ninguna de las dos existe sin la otra y que tan importante es mi salvación personal y mi encuentro con Jesucristo como la proyección de esa fe en comunidad y en toda estructura social, pues Dios quiere salvar a todo el hombre y a todos los hombres.**

Un excelente ejemplo de 'unir' los dos aspectos es el Papa Francisco que en cada mensaje y homilía lanza un 'rayo' que ilumina e incómoda gracias a Dios.

Es necesario superar esta oposición para ***conjugar el "yo con el "nosotros"*** en la teología y en la pastoral.

Pensar solamente en la estructura social y olvidarse del hombre concreto es ser nieto del comunismo; Por otra parte, enfocarse solamente en el aspecto individual dejando fuera la dimensión social es ser nieto del capitalismo. Por lo tanto:

Ni comunismo espiritual, ni capitalismo religioso.

Tú, yo, nosotros y el mundo que nos rodea, debe de ser alcanzado por Jesucristo:
«...pues Dios tuvo a bien hacer residir en él toda la Plenitud, y *reconciliar por él y para él todas las cosas,* pacificando, mediante la sangre de su cruz, lo que hay en la tierra y en los cielos».

Col 1,20

7

NO SOLO DE PAN VIVE EL HOMBRE

A partir del Concilio Vaticano II nuevos vientos entraron a la iglesia. Vientos que han servido para impulsarla a vivir su fe de acuerdo a los tiempos actuales. Sin embargo, al mismo tiempo, han surgido grandes desequilibrios por una mala interpretación del Concilio o bien por una polarización de algunos de los aspectos pastorales.

En relación con el avance de las sectas religiosas y de la evangelización, hay algo que tenemos que subrayar como una de las causas principales del crecimiento de las sectas y al mismo tiempo del enfriamiento de la vida pastoral.

Se trata de: «**El horizontalismo de la fe**».

Muchos católicos en todos los niveles se han lanzado a toda una labor de promoción humana e invierten los mejores recursos humanos y económicos en ayudar al indigente; dar de comer al pobre; impartir talleres de formación técnica; organizar cursos de alfabetización; crear organismos diocesanos de asesoría a inmigrantes; apoyar a asilos de ancianos; crear instituciones católicas de apoyo legal; edificar colegios católicos; crear centros de apoyo para madres solteras; construir edificios para proyectos sociales...

¿Acaso todo eso es malo? ***Por supuesto que no***. Al contrario es excelente y hay que aumentar más todo lo anterior.

El problema grave es que en el área pastoral y de evangelización no estamos en el mismo nivel y es donde deberíamos de ser expertos también. No son pocos los casos donde hay un verdadero horizontalismo de la fe donde la pastoral y la evangelización ocupan el quinto o sexto grado de importancia en la parroquia y en la diócesis. Es urgente equilibrar las fuerzas y eso depende en un alto grado de los líderes.

Una forma muy sencilla de medir qué tan importante es la pastoral es ver: ¿Cuánto dinero se invierte en promoción humana y cuánto en la evangelización, tanto a nivel parroquial como diocesano?

El resultado es increíble. Muchos líderes *son expertos en la promoción humana y débiles en lo pastoral.* La gran mayoría del dinero invertido en muchos lugares es para proyectos de obras sociales de ayuda.

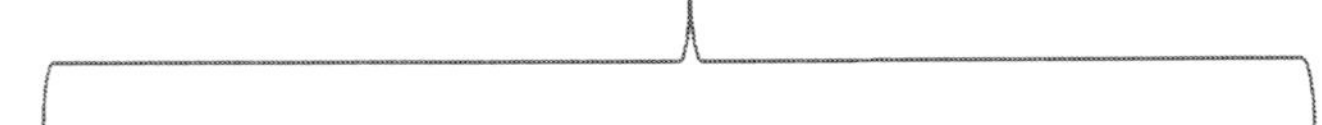

El líder católico es experto en la "caridad" y el líder protestante en "evangelizar", que increíble.

Sin duda que esta es una de las causas principales por las que millones católicos han abandonado la fe para ir a engrosar las filas del sectarismo.

Ser cristianos con visión es corregir este aspecto, de otra manera, Alegres se van diciendo: "Gracias Iglesia católica por ayudarme en lo legal, físico, alimenticio y educacional, pero aparte de eso necesito a Dios y me voy con los que me lo dan".

Como lo dijo un teólogo: "***La Iglesia hizo la opción por los pobres, y los pobres hicieron la opción por los pentecostales***". Chiapas, México es un buen ejemplo de lo anterior.

Ahora resulta que los expertos en lo sagrado no son los líderes católicos sino los pastores protestantes. Es urgente equilibrar este aspecto si de verdad queremos acelerar el Reino de Dios. Por algo Jesucristo dijo:

"No solo de Pan vive el hombre, sino de toda Palabra que sale de la boca de Dios"

Mt 4,4

Hemos llegado a un nivel tan extremo que las fundaciones y organismos católicos están dispuestos a apoyar económicamente a proyectos sociales, educativos, legales, juveniles... y hasta de construcción, pero la gran mayoría ni están dispuestos ni han pensado en apoyar económicamente a proyectos pastorales y de evangelización. Eso brilla por su ausencia.

Si usted lo duda, solamente es cuestión de que le dé una mirada al directorio de fundaciones católicas y vea cuántas fundaciones católicas son de apoyo a obras de promoción humana y cuantas a la evangelización. Los mejores recursos humanos, económicos y espirituales no están siendo canalizados a la evangelización.

¿No será por eso precisamente que no están surgiendo vocaciones al seminario y a la vida religiosa? ¿No será ésta una de las causas del crecimiento de las sectas? ¿No será esto un factor que impide crecer a la comunidad y causa de que se cierren templos católicos? ¿No crees que la falta de ser expertos en lo sagrado cause la falta de compromiso económico y pastoral del católico? Mi opinión es: **Sin duda que sí**.

Hace poco el Papa Francisco alertó los obispos latinoamericanos sobre **el peligro de reducir la realidad de la Iglesia a la estructura de una ONG.**

Desgraciadamente en no pocas parroquias y diócesis pasa algo muy similar a ello.

Es urgente re-equilibrar: Ser expertos en la «Caridad» y al mismo tiempo en lo «Pastoral».

Personalmente estoy convencido que ésta es una de las causas principales del crecimiento de las sectas. De hecho las Iglesias protestantes que más trabajan en lo pastoral no tienen ninguno de los problemas anteriores y al mismo tiempo los Institutos religiosos católicos que han equilibrado ni les faltan vocaciones, ni gente, ni dinero. Sin duda que este tema de las sectas y el excesivo horizontalismo de la fe nos muestra que el crecimiento de las sectas a costa de la Iglesia católica es una "factura" que se está pagando por falta de equilibrio pastoral.

Por ésta razón en el número 76 de las conclusiones del sínodo para América cuando se habla del desafío de las sectas, los obispos y el Papa afirman: "Por otra parte, como señalaron algunos Padres sinodales, hay que preguntarse si ***una pastoral orientada de modo casi exclusivo a las necesidades materiales de los destinatarios no haya terminado por defraudar el hambre de Dios que tienen esos pueblos***, dejándolos así en una situación vulnerable ante cualquier oferta supuestamente espiritual. Por eso, «es indispensable que todos tengan contacto con Cristo mediante el anuncio kerigmático gozoso y transformante, especialmente mediante la predicación en la liturgia".

"Id por todo el mundo y predicad el Evangelio a toda criatura" (Mc 16,15) Este mandamiento del Señor está dirigido a todo bautizado, pero para los Obispos y sacerdotes representa «**el principal deber**».

Lo mencionó el Papa Juan Pablo II en diversas ocasiones.

Ser cristianos con Visión es empezar a re-equilibrar los niveles de Promoción Humana y Evangelización. Como la afirma la Carta Magna sobre la evangelización: la Iglesia existe para Evangelizar.

> «La Iglesia lo sabe. Ella tiene viva conciencia de que las palabras del Salvador: "Es preciso que anuncie también el reino de Dios en otras ciudades" , se aplican con toda verdad a ella misma. Y por su parte ella añade de buen grado, siguiendo a San Pablo: "Porque, si evangelizo, no es para mí motivo de gloria, sino que se me impone como necesidad. ¡Ay de mí, si no evangelizara!".
>
> Con gran gozo y consuelo hemos escuchado, al final de la Asamblea de octubre, estas palabras luminosas: **"Nosotros queremos confirmar una vez más que la tarea de la evangelización de todos los hombres constituye la misión esencial de la Iglesia»**
>
> (Evangelii Nuntiandi No. 14)

VIII

Cómo lograr más en el menor Tiempo Posible

1

PESCANDO EN PECERA

Imagínese por un momento a una persona que llega cómodamente a su casa, saca su caña de pescar, su carnada, su refresco, prende la televisión, prende el aire acondicionado, se sienta en el sillón frente a su pecera y se dispone con un tremendo ánimo y esfuerzo a pescar peces en su pecera.

¿Qué pensaría usted de esto? Sin duda que sería algo muy original ya que a pocas personas se le ocurriría hacer algo parecido. Excepto a algunos de nosotros.

Tal vez nadie le haya dicho que eso hay que hacerlo en el mar, en un río, en un arroyo o cuando menos en una laguna, pero no en una pecera. Eso no es pescar. Se le puede llamar de cualquier otra forma pero nunca con este nombre. La razón es que lo que él quiere atrapar ya no se puede, porque:

ESOS NO SON PECES. ESOS YA SON PESCADOS

Cuando Nuestro Señor Jesucristo pensó en comparar la acción de llevar el Evangelio con una actividad profana, el evangelio nos narra lo siguiente: "Mientras Jesús pasaba por la orilla del mar de Galilea, vio a Simón y a su hermano Andrés que echaban las redes en el mar, pues eran pescadores. Jesús les dijo:

"Síganme y yo los haré pescadores de hombres. Y de inmediato dejaron sus redes y le siguieron."

Mc 1,16-18

Esta es una de las actitudes a seguir de un verdadero católico que pretenda lograr más en el menor tiempo posible. **Ser pescadores en el mar, *no en la pecera.***

Actualmente casi toda nuestra actividad pastoral la estamos realizando en la pecera, es decir, en la parroquia. De ahí queremos sacar catequistas, evangelizadores, coros, defensores de la fe, misioneros, lectores... y el resultado es que como son los mismos peces que andan dando vueltas, se convierten en católicos "mil usos".

El mismo que es catequista, el domingo canta en del coro y sale rápido para la venta de la comida y en la tarde ayuda en el retiro de evangelización. Ese es el resultado de querer pescar en la pecera a los ya pescados. ¿Y los demás? *Los miles de hermanos que están en las calles* alrededor de la parroquia, en los hospitales, en las escuelas, en el trabajo, en los camiones, en los parques, en sus casas... ¿Quién va a ir por ellos?

Como el Papa Francisco ha insistido: "Hay que ***salir*** a las periferias existenciales..."

Hay que salir a las calles, mercados, camiones, prensa, televisión, trabajo y escuelas para invitar a retiros, misa, cursillos, primera comunión, matrimonio, cursos etc. Ya basta de querer hacer todo solamente en la parroquia=pecera.

El mundo es el mar en el que Jesús quiere que vayamos a lanzar las redes.

Es tiempo de aventurarnos a ir más allá de la comodidad de la pecera y estar dispuestos a lo que sea por atrevernos a evangelizar en el mar. Salir del templo e ir a predicar a las calles, a los camiones, al metro, a los parques, en el radio, en las escuelas etc.

Quien no esté dispuesto a hacer esto mejor que se dedique a otra cosa porque de otra manera el viento impetuoso del Espíritu Santo lo estará convirtiendo en un aparato de aire acondicionado(todo bien controlado). Por gracia de Dios esta experiencia de ir a predicar a los camiones, a los parques, a las calles y otros "raros" lugares la hemos hecho en muchas ocasiones y es una gran bendición no sólo para la gente sino también para nosotros.

Recuerdo que en una de estas veces al estar predicando en el camión(autobús) un Señor empezó a decir "bájenlos porque son protestantes" unos minutos después la misma persona dijo en voz alta "bájenlos porque andan borrachos"; en ese momento recordé con alegría que eso le habían dicho a los apóstoles a lo cual conteste al Señor: "Si estamos llenos, pero no de cerveza, sino de Dios y es tanta nuestra alegría que queremos compartirla con ustedes". Pasamos varios y en pocos minutos les compartimos lo esencial. Lo extraño era que al parecer nadie, aparte del ya mencionado, nos ponía atención.

No levantaban la cabeza, ni expresaban señal de interés, ni siquiera de desacuerdo, pero aun así seguimos con el anuncio. Sin embargo la sorpresa vino al final, pues al ir por el pasillo hacia la parte de atrás, las personas que parecía que no estaban oyendo empezaron a pedirnos algún folleto, libro o cd que hablara sobre lo que habíamos compartido. ¡Se hicieron que no oían cuando en realidad era todo lo contrario! Confirmamos lo que alguien una vez comentó: "*La gente tiene más ganas de oír, que nosotros de predicarle el mensaje de Jesucristo*".

Querer seguir pescando solamente en la «pecera»=parroquia es una locura que debemos desterrar.

Es como si alguien se pusiera en la orilla del mar y dijera: «shh, shh, pececitooos. Ya llegueee, y después se sentara tranquilamente a esperar a que los peces vinieran solos y cayeran en sus redes.

La parroquia es la «canasta» a donde debemos de llevar los pescados, no donde queramos ponernos a pescar cada día. Hay que salir del templo e ir a buscar peces en las calles, mercados, autobuses, radio, televisión, internet, hospitales, trabajos, casas escuelas, universidades...

Mi invitación hoy es para decirte, una vez más, que seas del grupo de personas que ya están tomando esta actitud. Hay que salir al «mar» que son las calles, edificios, casas, escuelas, hospitales, trabajos, centros de diversión, medios de comunicación etc.

Piensa, inventa, se creativo, aviéntate, organízate y lánzate a la pesca cristiana en el mar de este mundo.

Te darás cuenta de que muchas veces, los peces más gordos, se encuentran ahí.

2

LAS VACIONES DEL REY DAVID

Una de las lecciones más fuertes de la Biblia en relación con el servicio cristiano la encontramos en las **VACACIONES** que pasó el rey David. Vayamos directamente a la Sagrada Escritura y sigámosle las huellas a este gran hombre. Vamos a leer el segundo libro de Samuel y notemos qué sucedía en la vida del Rey David:

2 Sam 5 ⇨ David es coronado rey de Israel y toma Jerusalén.

2 Sam 6 ⇨ David traslada el arca(presencia de Dios) a Jerusalén.

2 Sam 7 ⇨ El profeta Natán anuncia bendiciones a David.

2 Sam 8 ⇨ David vence a los filisteos, moabitas, Hadadezer...

2 Sam 10 ⇨ También David vence a los arameos.

Si hiciéramos una película sobre este personaje y la trama llegara hasta este capítulo 10, sin duda que sería todo un héroe; pero... la vida de David que iba de triunfo en triunfo y llena de bendiciones no termina aquí. Veamos ahora, que sucedió un poco después.

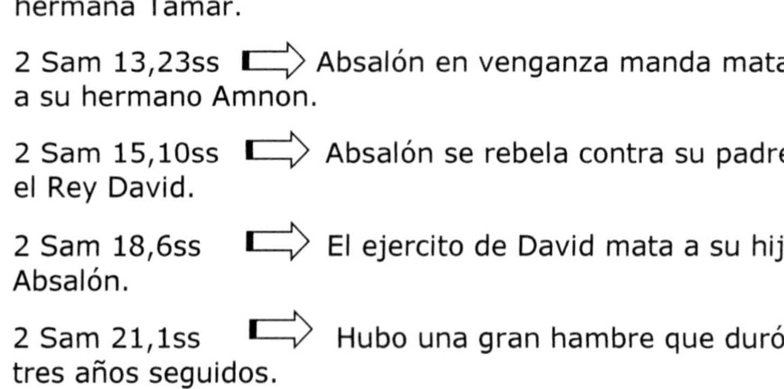

2 Sam 13,1ss ⇨ Amnon hijo de David violó a su hermana Tamar.

2 Sam 13,23ss ⇨ Absalón en venganza manda matar a su hermano Amnon.

2 Sam 15,10ss ⇨ Absalón se rebela contra su padre el Rey David.

2 Sam 18,6ss ⇨ El ejercito de David mata a su hijo Absalón.

2 Sam 21,1ss ⇨ Hubo una gran hambre que duró tres años seguidos.

¡Que tremendo! El hombre que iba avanzando lleno de bendiciones ahora se encuentra rodeado de tragedias. ¿Cómo es posible que esto suceda? ¿Cuál fue el error de David que parte su vida en dos caras opuestas? ¿Qué hizo él para nosotros no cometer el mismo error?

En unos minutos te darás cuenta que lo que le pasó a él es lo mismo que les pasa a muchos hermanos y provoca que en la Iglesia no encontremos a muchos hermanos que hace tiempo eran los pilares en la comunidad y ahora ya ni a misa van.

Es la misma causa que provoca que muchos se queden en el camino después de algunos años de servir y estar "bien" comprometidos. Búscalo tú mismo en el capítulo 11 del mismo libro que estamos leyendo: segundo de Samuel de los versos 1 al 3 y siguientes.

"***Al año siguiente en el tiempo en que los reyes salen a campaña***. *David mando a Joab con la guardia y todo el ejército. Derrotaron a los amonitas y sitiaron la*

ciudad de Rabbá, mientras que él se quedó en Jerusalén.
Una tarde después de haberse levantado de la siesta, se paseaba David por la terraza del palacio, y desde ahí vio a una mujer que se bañaba..."

2 Sam 11,1-3

¡No! Tal vez ya estés pensando que el error de David fue el cometer adulterio con Betsabé, y que además, después mandó matar al esposo de ella...esto fue una grave falla, pero no la principal ni la causante de todo el desastre que vino después.

El enorme error de David y del que tenemos que cuidarnos con todas nuestras fuerzas si queremos lograr más en el menor tiempo posible **fue el de tomarse sus vacaciones cuando era tiempo de guerra**.

Si lees atentamente los versículos que acabamos de ver, encontrarás que la Biblia dice que *en el tiempo en que los reyes salen a campaña* David mandó a su gente a pelear *y ellos ganaron*. Pero David en vez de ir a pelear, que eso era lo que le correspondía hacer, *se quedó a vacacionar y ahí empezó el desastre.*

¡Grábatelo hermano! Si realmente quieres ser usado en abundancia por el Señor no hay que tomar vacaciones cuando es tiempo de pelear. No se trata de no ir de vacaciones. Lo que la Palabra de Dios nos enseña es que a muchos les ha pasado que unos años después de ir avanzando en el camino de Dios y de haber logrado victorias espirituales nos pasa como a David y ya no queremos servir ni ayudar porque ya hicimos mucho.

Igual que este rey, mandamos a los demás a que sirvan y nosotros queremos descansar. David mandó a Joab y me imagino que pensó: «Que vayan otros, yo ya fui muchas veces; Échenle ganas, ahora les toca a ustedes; buena suerte y que ganen... yo ya gane muchas guerras y otras frases similares».

Hay servidores en las comunidades que después de unos años ya están pensando en las vacaciones, cuando menos por un año descansar de la parroquia y hasta del padre. **Desgraciadamente muchos ya nunca regresan y al igual que David *empiezan a perder lo que tanto les había costado*: las bendiciones de Dios.**

Recuérdalo: Es tiempo de guerra espiritual, no de vacacionar sin Dios; es tiempo permanente de trabajar para conquistar gente para Jesucristo.

No es tiempo de vacacionar, sino de trabajar.

3

MARCANDO LOS NIVELES DE COMPROMISO

¿Qué hacer cuando nos encontramos con hermanos que no quieren o no pueden dar lo que se esperaría que dieran?

Lo clásico es que el líder les diga que están mal, que eso no se hace y que a Dios hay que darle todo o nada, o frio o caliente.

Personalmente estoy convencido que esto no siempre es así. A nivel de conversión personal, de santidad y de radicalidad cristiana, es un hecho que si debe de ser al 100% nuestra vida cristiana. Pero en cuanto al compromiso que nuestros hermanos dan como servidores no es igual ya que intervienen muchos factores como tiempo disponible, familia, horarios de trabajo, cualidades y habilidades etc.

Lo ideal es que todos dieran el 100% pero eso nunca se da en la realidad. La clave a seguir la encontramos en el Evangelio cuando nuestro Señor Jesucristo nos habla de que hay diferentes tipos de tierra donde la semilla cae y por lo tanto unos dan el treinta, otros el sesenta y otros el cien por ciento (Mt 13,8-9).

No afirmó nunca que todos darían el cien por ciento, sino que constató el hecho de los diferentes grados de fructuosidad que se presentan en las personas.

Aplicando esta parábola, si queremos avanzar más en el menor tiempo posible, le recomiendo tres pasos a seguir como líder de excelencia y que en diferentes lugares hemos comprobado su eficacia. Le llamaremos la técnica V A I :

1) **V**alore en alto grado a cada persona que le está ayudando aunque solamente dé el 3% de compromiso. Sí. Valórelo fuertemente.

2) **A**nime y motive a todos a dar el 100% por el Reino.

3) **I**mpulse a cada uno pero de una manera ***individual*** a dar un poco más de lo que está dando.

Valore en alto grado a toda persona que está colaborando en la obra de Dios. Si esa persona da solamente el 3% y la otra el 23% y otro mas el 74% valórelo con eso. Cada cristiano tiene su propio proceso de conversión y compromiso a su ritmo personal.
Además recuerda que:

UN DOLLAR = CIEN CENTAVOS

Nuestro error ha sido querer encontrar el dólar completo cuando es más fácil encontrar un 20, uno de 10, uno de 50 y otro de 20. ¿Qué no es lo mismo cien centavos = 20+10+50+20 que un peso?.

Es igual con los hermanos que colaboran a nuestro alrededor. Aprovechemos el grado de disposición de muchos para juntar el peso al servicio del Evangelio.

Alguno sólo puede ayudar prestando el carro, otro dando ladrillos para la construcción, uno mas será el que nos ayude con la publicidad, otro es el que colabora cantando, algunos en el servicio de la venta de comida y el otro en el diseño de la propaganda...

Anime a todos a dar un poco más de lo que están dando. Esta es la segunda actitud a seguir. Si bien alguno está dando sólo el 33%, el valorarlo no quiere decir que caigamos en actitudes conformistas y mediocres. NO. Hay que empujar a todo el grupo a lanzarse a una superación constante, o como algunos lo llaman, a un estado de mejoramiento de calidad permanente.
No hay que olvidar nunca el llamado que Jesucristo nos hace a todos de:

« Ser perfectos como vuestro Padre que está en los cielos»
Mt 5,48

Esto creará una disposición a la superación como hábito cristiano.

Impulse a cada hermano individualmente dándole cada vez un poco de mayor responsabilidad y si responde hay que darle otro poco hasta que el mismo nos vaya dando señales de su capacidad, disposición, dones y habilidades. De esta manera el que puede desarrollar más en el grupo, lo hace, y no se le limita a la respuesta de los otros miembros.

Nuestra tentación es querer llevar el proceso de crecimiento siempre en grupo y esto no funciona así, ya que desperdiciamos el potencial de servicio y santidad de muchos que pueden avanzar más en menos tiempo. Como dice el dicho popular:

EL QUE TIENE MAS SALIVA QUE TRAGUE MAS PINOLE

Nuestro Señor Jesucristo dijo todo esto de una manera magistral:

«Es también como un hombre que, al ausentarse, llamó a sus siervos y les encomendó su hacienda: a uno dio cinco talentos, a otro dos y a otro uno, a cada cual según su capacidad; y se ausentó. Enseguida, el que había recibido cinco talentos se puso a negociar con ellos y ganó otros cinco. Igualmente el que había recibido dos ganó otros dos. En cambio el que había recibido uno se fue, cavó un hoyo en tierra y escondió el dinero de su señor.
Al cabo de mucho tiempo, vuelve el señor de aquellos siervos y ajusta cuentas con ellos.
Llegó el que había recibido cinco talentos, presentó otros cinco, diciendo: «Señor, cinco talentos me entregaste;
aquí tienes otros cinco que he ganado.»

Su señor le dijo: «¡Bien, siervo bueno y fiel!; porque el que es fiel en lo poco, es fiel en lo mucho; entra en el gozo de tu señor.»
Llegó también el de los dos talentos dijo: «Señor, dos talen tos me entregaste; aquí tienes otros dos que he ganado. «Su señor le dijo: «¡Bien, siervo bueno y fiel!; en lo poco has sido fiel, al frente de lo mucho te pondré; entra en el gozo de tu señor.»

Llegó también el que había recibido un talento dijo: «Señor, sé que eres un hombre duro, que cosechas donde no siembras y recoges donde no esparciste. Por eso me dio miedo, y fui y escondí en tierra tu talento. Mira, aquí tienes lo que es tuyo.»
Mas su señor le respondió: «Siervo malo y perezoso, sabías que yo cosecho donde no sembré y recojo donde no esparcí; debías, pues, haber entregado mi dinero a los banqueros, y así, al volver yo, habría cobrado lo mío con los intereses.
Quítenle, por lo tanto, su talento y dénselo al que tiene los diez talentos. Porque a ***al que tiene, se le dará y le sobrará;*** *pero al que no tiene, aun lo que tiene se le quitará.*
Y a ese siervo inútil, échenlo a las tinieblas de fuera. Allí será el llanto y el rechinar de dientes.»

Mt 25,14-30

Valorando, *animando* e *impulsando* es como marcaremos los niveles de compromiso individual, grupal y de crecimiento. Así lograremos más en el menor tiempo posible, formando servidores católicos de excelencia pastoral.

4

CONQUISTANDO EN GRACIA

Una de las sorpresas más agradables que he encontrado en la Biblia, como servidor cristiano, es la que te comparto a continuación. Es algo que ha marcado mi vida profundamente y que ha sido de mucha bendición para mucha gente. Seguramente que si lo pones en práctica te ayudará a lograr más en el menor tiempo posible.

Vayamos a la Palabra:

> *<<Sucedió después de la muerte de Moisés, siervo de Yahvé, que habló Yahvé a Josué, hijo de Nun, y ayudante de Moisés, y le dijo: «Moisés, mi siervo, ha muerto; arriba, pues; pasa ese Jordán, tú con todo este pueblo, hacia la tierra que yo les doy (a los israelitas).*
>
> *Les doy todo lugar que sea pisado por sus pies, según declaré a Moisés. Desde el desierto y el Líbano hasta el Río grande, el Éufrates, (toda la tierra de los hititas) y hasta el mar Grande de poniente, será su territorio.>>*
>
> Jos 1,1-4

Hasta ese momento todo lo que leímos sonaba formidable.

Había llegado por fin el momento tan esperado, después de la esclavitud de siglos y de haber pasado por el desierto, ahora era el momento soñado. Dios, por medio de Josué, les iba a dar la tierra prometida. Había valido la pena tanta espera, pues si Dios le decía a su líder Josué que Él les daría la tierra, así seguramente pasaría.

Avanzaron y llegaron con entusiasmo y confianza a la tan anhelada tierra y... ìoh sorpresa!

La Tierra prometida ya estaba ocupada por Jericó y ellos no mostraban ni la más mínima señal de abandonarla. ¿Qué estaba pasando? ¿Por qué esa tierra estaba ocupada si Dios había prometido dárselas a ellos? Yo creo que los israelitas estaban tan sorprendidos como yo cuando lo leí por primera vez en la Biblia.

Seguí leyendo los siguientes capítulos y un poco después vi como el Pueblo de Israel derroto a Jericó y empezó a disfrutar de la tierra prometida.(Jos 6,1-20) Fue en ese momento, leyendo ambos pasajes, cuando comprendí algo que para mí ha sido como un tesoro

LOS REGALOS DE DIOS HAY QUE CONQUISTARLOS

espiritual que hoy te comparto:

Si hermano. Dios había dicho claramente a Josué que les daría esa tierra pero eso no significaba que ellos no iban a hacer nada y que se quedarían de brazos cruzados esperando que Dios les desocupara la tierra de Jericó. No. Ellos tuvieron que "conquistarla". Eso es ser líder de excelencia pastoral. **Ver los regalos que son plenamente dados por Dios como una oportunidad que hay que "conquistar".** Eso significa que es gracia y conquista al mismo tiempo.

Te lo diré más claro. Si quieres que el grupo crezca; la comunidad apoye más económicamente; la Iglesia sea más santa; el ministerio se extienda; la parroquia sea más comunidad de fe; la sociedad más justa y tu más santo... eso es un regalo que Dios ya te está dando y regalando por gracia y amor gratuito. Ahora solo falta que lo conquistes.

Lo primero es descubrir y confiar plenamente en todas las bendiciones que Dios nos tiene preparadas como una gracia suya. Él nos las da. Lo segundo es lanzarnos a conquistarlo.

Muchos están esperando que Jericó se desocupe por si solo y eso no va a suceder. Tus sueños, planes, metas e ilusiones pastorales son gracia y conquista a la vez. Los "Jericó" de hoy en día: drogas, abortos, sectas, vicios, divorcios, injusticias, pecados etc.

Ya han sido vencidos por Jesucristo es tiempo de querer conquistar el Reino que el Señor nos ha regalado.

Se conquista trabajando, orando, predicando, testimoniando, defendiendo, alabando, sirviendo, ayudando, denunciando, organizando, creando, invirtiendo, escribiendo, llamando, intercediendo, profetizando, luchando y amando.

Para lograr más en el menor tiempo posible necesitamos ser como Josué que supo descubrir que lo que Dios le "había dado" tenía que ser conquistado al mismo tiempo. Si alguien espera que las cosas mejoren por arte de magia mejor que se dedique a vender paletas, aunque no creo que le vaya muy bien...

Católicos de este tipo, que "conquisten en gracia", hacen posible derrumbar murallas como las de Jericó y aun más grandes. Lánzate a conquistar este mundo para Jesucristo.

No olvides que Dios da semillas, no da árboles. Que la gracia de todo lo que él te quiere dar en lo social y en lo espiritual también hay que conquistarlo.
Animo, que *tú puedes ser un "Josué" para* tu familia, matrimonio, ministerio, movimiento, parroquia y ciudad.

5

EL TESTAMENTO DE JESUS

Cuando una persona va a morir, sus últimas palabras van dirigidas hacia lo más importante que tiene en su vida. Si usted ha estado junto a una persona en sus últimos momentos de su vida, recordará que comúnmente dicen: "Te encargo a mis hijos" "Cuiden de su mamá" "Quiéranse y vivan unidos". Nadie dice a punto de morir: "Hijo, no olvides pagar los taxes=impuestos" "Mi amor, cuida al perrito". No, nadie hace eso.

Las últimas palabras son algo tan sagrado que se deja para ese momento lo más importante. Ese es el verdadero testamento que quieren que se cumpla.

Pues bien, ¿Cuáles fueron las últimas palabras de Nuestro Señor Jesucristo antes de partir hacia el Padre?

Él iba a seguir vivo y presente entre nosotros e iba a enviar el Espíritu Santo, sin embargo: En su mente, ¿Qué había de ser tan importante para remarcarlo al final y que no lo fuéramos a olvidar como una especie de testamento espiritual para todos los tiempos? ¿Cuál es el mandamiento más importante que nos dejó Nuestro Señor?

Si queremos ser usados en abundancia para lograr más en el menor tiempo posible esto debe ser esencial para nosotros. Veamos una constante que los cuatro evangelistas nos presentan en su último capítulo en diferentes formas:

SAN MATEO
"Vayan por todo el mundo y hagan que todos los pueblos sean mis discípulos enseñándoles a cumplir todo lo que yo les he encomendado. Bautícenlos en el nombre del Padre y del Hijo y del Espíritu Santo. Yo estoy con ustedes todos los días hasta el fin del mundo" Mt 28,18-20

SAN MARCOS
Vayan por todo el mundo y proclamen la Buena Nueva a toda la creación.
Ellos salieron a predicar por todas partes, colaborando el Señor con ellos y confirmando la Palabra con las señales que la acompañaban. Mc 16, 15.20

SAN LUCAS
«Así está escrito que el Cristo padeciera y resucitara de entre los muertos al tercer día y **se predicará en su nombre la conversión para perdón de los pecados a todas las naciones,** empezando desde Jerusalén. Ustedes son testigos de estas cosas. «Miren, y voy a enviar sobre ustedes la Promesa de mi Padre. Permanezcan en la ciudad hasta que sean revestidos de poder desde lo alto.» Los sacó hasta cerca de Betania y, alzando sus manos, los bendijo. Lc 24,46-50

SAN JUAN
Simón Pedro les dice: «Voy a pescar.» Le contestan ellos: «También nosotros vamos contigo.» Fueron y subieron a la barca, pero aquella noche no pescaron nada.
Cuando ya amaneció, estaba Jesús en la orilla; pero los discípulos no sabían que era Jesús.
Les dijo Jesús: **«Muchachos, ¿no tienen pescado?» Le contestaron: «No.»**

Él les dijo: «Echen la red a la derecha de la barca y encontrarán.» La echaron, pues, y ya no podían arrastrarla por la abundancia de peces. Jn 2 1,3-6

Este es como el testamento de Jesús que los evangelistas nos quisieron transmitir: **Vayan y prediquen la Buena Nueva. *La Iglesia existe para evangelizar.***

Esta es la razón de ser y existir de la Iglesia. Todo debe de converger hacia este mandamiento y deseo de Nuestro Señor Jesucristo. El mandamiento de "Lanzar las redes una y otra vez es esencial en todo los que hagamos. El Papa Paulo VI en su encíclica 'Para anunciar el Evangelio' que es la carta Magna acerca de la Evangelización nos lo volvió a repetir.

Sin duda que como servidores de Dios nunca debemos de olvidar esto. Parcializar, olvidar y polarizarnos hacia algún aspecto será de graves consecuencias.
Hoy se ha olvidado mucho este gran mandamiento y se han ido por las ramas hacia lo complementario olvidando lo esencial. Haciendo lo urgente pero dejando de hacer lo importante.

Algunos ven el templo lleno y se conforman con ello. Esto es una falta de Visión y perspectivas, pues hay miles de católicos alrededor muriendo de soledad; de vicios y de tristeza; de miseria y mediocridad.

Hay que pensar en cómo evangelizar a los miles y miles de bautizados que están afuera, alrededor nuestro. Solo el 10% viene a misa pues la gran mayoría de los bautizados ni a eso viene. Unido a eso pocos se preocupan por ellos y algunos se sientan tranquilamente a que vengan por medio de la pastoral de la campana.

No es en el templo donde están los "peces gordos" para el Señor sino afuera donde hay que ir a buscarlos. Luchemos por cumplir el deseo de Jesucristo de que todos sean sus discípulos.

Es tiempo de salir de nuestra pereza y salir a conquistar gente para nuestro Dios, gritándoles la Buena noticia de que Dios está vivo, le ama y tiene un plan de salvación para su realidad. Es tiempo de recuperar el celo apostólico de los santos y de poner las cosas en orden. No es el "Bingo" ni el cómo hacer dinero nuestra esencia de la fe.

←――――――――――――――――――――→

Si la Iglesia existe para evangelizar todo debe de estar "en función" de la evangelización:
La vida parroquial; El diácono; El sacerdote y el obispo; El consejo parroquial; Las escuelas católicas; Hospitales católicos; Oficinas diocesanas; Grupos, ministerios y movimientos; Los religiosos y religiosas; Misioneros y teólogos; Radio, prensa y televisión católica... **Todo**, hasta el dinero.

←――――――――――――――――――――→

No es la Promoción humana o el "Culto" litúrgico desconectado de la evangelización la razón de ser de la Iglesia.

La esencia de nuestro ser y quehacer que nos señala Jesucristo y la Iglesia en el Concilio Vaticano II es Evangelizar. Nuestra meta principal es esa y es necesario revisar si todo está en función de ello. Actualmente una de las causas principales de la tibieza espiritual y de la escasez de vocaciones es que muchos perdieron la "brújula" y viven para cosas importantes en la Iglesia, pero olvidaron lo esencial:
Promoción humana: Asesoría en inmigración, ofrecer comida, facilitar ropa, medicina y servicios de salud,

educación... Búsqueda de fondos: Bazar y Kermés, Bingo y venta de comida. Construcción de templos: Remodelar, ampliar, construir... Administración: Organización, finanzas, plantación, recursos humanos... Todo lo anterior que he señalado no tiene una razón de ser en si misma, sino en función directa y explícita hacia Jesucristo. De no hacerlo así se corre el riesgo de trabajar y trabajar y al final darse cuenta de que las personas siguen sin tener a Dios como el centro de su vida cristiana y a la Iglesia católica como "madre en la fe". *Bautizados, pero sin conocer a Dios. Aquí es la misión.*

Cada católico debería de gritar igual que el Apóstol San Pablo: "Ay de mí si no evangelizo". Nuestra mente y corazón deben de estar diariamente pensando en cómo ganar gente para Jesucristo; Cómo ganar almas para Dios; Cómo hacer que todo lo que hagamos sea para esto. Todo eso a nuestro alrededor.

Más directo ya no se podría decir. Dentro de la triple vertiente pastoral que la Iglesia debe realizar: Profética, litúrgica y social sin duda que la más descuidada y la que es urgente que todos recuperemos es la primera: Es hora de evangelizar.

«Vayan por todo el mundo y hagan que todos los pueblos sean mis discípulos»

Mt 28,18-20

Anuncio y Testimonio

Dentro de la Nueva evangelización, a la que los Papas nos han llamado en los últimos años, es importante subrayar el error, que cada vez se extiende más, de **pensar que se puede evangelizar solamente con el testimonio y que el anuncio directo de la palabra no es tan necesario**. Eso es un grandísimo error y mala interpretación de algunas frases fuera de contexto y además un desconocimiento de lo que hemos creído por siglos como esencial a nuestra fe.

No lo olvides nunca por favor. La fe no se transmite *solamente* por 'contagio' o 'atracción' del testimonio de un cristiano. El testimonio es fundamental, pero es incompleto si no hay el anuncio explícito del Evangelio.

La encíclica que todo católico debería tener para conocer lo que es la evangelización (Evangelii Nuntiandi) dice:
"Y, sin embargo, esto sigue siendo insuficiente, **pues el más hermoso testimonio se revelará a la larga impotente si no es esclarecido, justificado** —lo que Pedro llamaba dar "razón de vuestra esperanza" (52)—, explicitado por un anuncio claro e inequívoco del Señor Jesús. La Buena Nueva proclamada por el testimonio de vida deberá ser pues, tarde o temprano, proclamada por la palabra de vida.
No hay evangelización verdadera, mientras no se anuncie el nombre, la doctrina, la vida, las promesas, el reino, el misterio de Jesús de Nazaret Hijo de Dios."
Para anunciar el Evangelio # 22

No hacemos 'proselitismo' imponiendo el evangelio, pero si evangelizamos anunciando y proponiéndolo a toda persona.

¿Cómo invocarán a aquel en quien no han creído? ¿O como creerán en ÉL sin haber oído de Él? ¿Y cómo oirán si nadie les predica? ¿Y cómo predicarán si no son enviados? (Rom 10.14-15).

Este sigue siendo un imperativo actual y eterno hasta que Cristo vuelva.

Para ti y para mí: «Es hora de evangelizar». **Anunciando con la Palabra** y acompañado por el testimonio.

6

LIDERES QUE FORMEN LÍDERES

En la mente y corazón de Jesús estaba su amor hacia todo el hombre y hacia todos los hombres. En su mente estaría la pregunta ¿Cómo hacer llegar la Buena Nueva a todo el mundo? ¿Cómo alcanzar a más en el menor tiempo posible?
La respuesta a estas preguntas es lo que veremos en estos últimos aspectos de cómo ser cristianos de excelencia.

La primera respuesta la encontramos a través de los evangelios y de las cartas del Nuevo Testamento. Jesús tuvo desde el principio una idea bien clara que se dedicó a concretizar: Formar discípulos-maestros que a su vez fueran capaces de formar a otros discípulos-maestros. A esto dedicó gran parte de su ministerio público. Solamente de esta manera sería posible que el Evangelio fuera predicado por todo el mundo.

Grupos alrededor de Jesucristo y prioridades.

En torno a la persona de Jesús podemos encontrar a tres grandes grupos: La multitud o muchedumbre, los discípulos y los apóstoles.

La Multitud:
«Su fama se extendía cada vez más y una numerosa multitud acudía para oírle y ser curados de sus enfermedades.» Lc 5,15; Lc 23,27; Mc 6,1; Mt 20,29

Los 72 Discípulos:
Sin embargo muchas veces se apartó de la muchedumbre para enseñarle algo más a sus discípulos:

«Entonces despidió a la multitud y se fue a casa. Y se le acercaron sus discípulos diciendo: «Explícanos la parábola de la cizaña del campo.»
Mt 13,36; Jn 6,3; Mc 10,10-23; Lc 10,1

Los Apóstoles:
Es de entre este grupo de discípulos que Jesús escoge a los 12 Apóstoles dándoles un trato y formación diferente. Ellos serían sus principales enviados, dándoles poderes especiales:
«Cuando se hizo de día, llamó a sus discípulos, y eligió doce de entre ellos, a los que llamó también apóstoles.».
Lc 6,13
«Subió al monte y llamó a los que él quiso; y vinieron donde él. Instituyó Doce, para que estuvieran con él, y para enviarlos a predicar con poder de expulsar los demonios».
Mc 3,13-15

Esta fue la estrategia a seguir de Jesucristo. Para poder extender su misión por todo el mundo y hasta el fin de la historia. Formó discípulos-apóstoles que a su vez formaron discípulos-apóstoles. Solamente formando líderes que fueran capaces de formar a otros líderes es como se realiza una verdadera labor evangelizadora.

Un cristiano verdadero es el que forma líderes para que multipliquen la obra y la continúen haciendo cuando él ya no se encuentra. No vayas a caer en la tentación de hacer tu apostolado solamente con la gente y no formar a otros para que extiendan la obra. Si así fuera, cuando ya no estés se acabará todo. Algunos, en años no fueron capaces de formar Agentes multiplicadores.

La «Regla de Oro» del Apóstol San Pablo: 2 Tim 2,2

El incansable hombre de Dios, Pablo, no podría dejar la obra de Jesucristo solamente con lo que él mismo había realizado. Preso por la causa de Cristo; Perseguido por unos y abandonado por otros; Con un Celo apostólico que le hace exclamar: «Ay de mi, si no evangelizo». Casi desde el principio de su encuentro con el Señor pondrá en práctica lo que después escribiría y que será la «regla de oro» para un servidor que busca la excelencia pastoral:

«Y todo cuanto me has oído en presencia de numerosos testigos, **confíalo a hombres fieles, que sean capaces, a su vez, de instruir a otros**».

2 Tim 2,2

Lo que había hecho Nuestro Señor Jesucristo, Pablo lo repetiría en forma excelente. Para poder extender la misión es un requisito indispensable: «Formar a otros que a su vez sean capaces de formar a otros más».

Si de verdad deseas acelerar el Reino en el menor tiempo posible, esta regla de oro no debe de faltar en tu servicio cristiano. Desde el primer momento que Dios te llame a servirle en un ministerio determinado, inmediatamente invierte tiempo, dinero y esfuerzo en buscar colaboradores que sean capaces de hacer lo que tú haces e incluso mejor de lo que tú lo harías.

No olvides nunca que «**el buen líder no es el que hace el trabajo de Diez, sino el que hace trabajar a Diez**»

Ora por tus colaboradores, fórmalos, acompáñalos, impúlsalos, búscalos, dirígelos, anímalos... y hazlos capaces de instruir a otros para extender en menos tiempo la obra de Jesucristo.

7

UN DIA A LA VEZ

Uno de los mensajes más hermosos que he encontrado en algunas casas parroquiales o en las sacristías reza así:

"Señor ayúdame a celebrar hoy la Misa como si fuera la primera y la última vez que lo hago"

En pocas palabras, el sacerdote pida la gracia de celebrar la Eucaristía hoy con toda la intensidad y amor con el que la hizo la primera vez en su vida y con todo el valor y agradecimiento como si fuera la última vez que la fuera a celebrar.

Esto, que originalmente es un mensaje para la vida sacerdotal, también es aplicable a cada uno de nosotros como cristianos.

La excelencia cristiana se da cuando hacemos una opción por el "hoy" como el mejor tiempo de nuestra vida. No en el pasado, reprochándonos lo que no hicimos o pudimos hacer, ni en el futuro viviendo de ilusiones sin alcanzar.

Vivamos «**hoy**» nuestro servicio buscando ser mejores un uno por ciento, y mañana otro uno por ciento. Optar por hacer de cada día un reto, una meta, una conquista por alcanzar el Reino. Como dice aquella canción:

"Un día a la vez, Dios mío, es lo que pido de ti. Dame la fuerza para vivir un día a la vez. Ayer ya pasó. Dios mío,

mañana quizás no vendrá. Dame la fuerza para vivir: un día a la vez."

No desperdiciemos el valioso tiempo de nuestra vida reprochándonos el pasado. Mejor valoremos lo que sí alcanzamos a lograr. Los regalos y bendiciones que Dios nos ha dado. La vida y el servicio que prestamos la vamos a disfrutar, no por el tamaño de lo que se haya hecho, sino por el valor que le demos a lo que ya hemos logrado con el poder de Dios.

No es el haber construido un castillo lo que hace el disfrutar cada día, sino el amor con que lo hayamos realizado. **Hacer las cosas ordinarias de una forma extraordinaria**. El buen futuro no se espera, se construye hoy.

El día más hermoso y lleno de oportunidades para crecer como servidores del Reino es el '*hoy*'. Nuestro Señor Jesucristo nos lo dejó como regalo de paz.

"No se preocupen por el día de mañana, pues el mañana se preocupara por si mismo. A cada día le bastan sus problemas"

Mt 6, 34

Ora hoy, trabaja hoy, ama hoy, disfruta hoy. Viajar por la vida viviendo 'Un día a la vez' es un barco seguro para llegar al puerto de la excelencia cristiana. ***Dar lo mejor de ti mismo «hoy»*** es lograr acelerar más el Reino, en el menor tiempo posible.

Vívelo con garra, con coraje, pasión, fuerza, entusiasmo, decisión y alegría.

CONCLUSION

EL ESPIRITU SANTO:

EL AGENTE PRINCIPAL DE LA EVANGELIZACION

Dicen que los «últimos serán los primeros» y es por eso que con toda la intención del mundo he dejado esta enseñanza para la conclusión de este libro. Sencillamente que lo que deseo recordarte en este momento, de todo corazón, no es algo importante.

¡No! Es algo más que importante: **Es indispensable.**

Si todo lo que hemos visto quieres realizarlo en tu vida como servidor, es 100% necesario reconocer y comprender que el agente principal en la evangelización no somos nosotros, ni nuestras técnicas, ni nuestra organización y planeación. El agente principal en la evangelización es EL ESPIRITU DE DIOS.

Es el Espíritu Santo el que hace la obra en nuestra vida personal, en la Iglesia y en la sociedad. Es este Espíritu el que hay que pedir que venga todos los días a nuestra vida. Ven Espíritu de Dios y lléname de tu presencia y poder. Derrama sobre mi tus dones y envíame con tu poder para predicar con la unción que viene de lo alto y vivir lleno de amor y compromiso con el prójimo.

- Es el Espíritu el que hace surgir la Iglesia en Pentecostés. Hech 2,1-40
- Es el Espíritu Santo el que nos da la fe en la presencia Real de Jesucristo en la Eucaristía. Jn 6,54
- Es el Espíritu Santo el que Jesús dejó para guiarnos a la verdad completa. Jn 14,26
- Es el Espíritu el que reciben los Apóstoles para perdonar nuestros pecados en el sacramento de la confesión. Jn 20,22-23
- Es el Espíritu quien ora por nosotros porque no sabemos orar. Rom 8,26
- Es el Espíritu quien nos hace reconocer nuestros pecados y nos lleva al arrepentimiento. Jn 16,8
- Es el mismo Espíritu de Dios quien nos revela lo más profundo de los misterios de Dios. Ef 3,5
- Es el Espíritu el que hizo exclamar a María nuestra madre como una sierva de Dios, se posó sobre ella y quedó llena de su presencia. Lc 1,35-48
- Es el Espíritu quien nos llena con sus dones para edificar a la comunidad. 1 Cor 12
- Es el Espíritu quien nos llena de su amor para poder vivir el más grande de los dones que es el amor. Gal 5,22

Si hermano, si hermana, es por eso y más que el Espíritu Santo es el agente principal de la evangelización y es ese mismo Espíritu quien te ayudará a ser un servidor cristiano de excelencia pastoral. Como el Papa ha dicho: "Estos evangelizadores —obispos, sacerdotes y diáconos, religiosos y religiosas, fieles laicos— **son, bajo la guía del Espíritu Santo**, los protagonistas indispensables en la tarea evangelizadora, en la cual cuentan más las personas que las estructuras, aunque éstas sean en cierto modo, necesarias".

Con humildad y sabiduría Mons. Alfonso Uribe, obispo Emérito en Colombia, dijo lo siguiente:

«Si a mí se me pregunta cuál es una de las causas principales de esta situación tan dolorosa de no pocos sacerdotes, situaciones dolorosas que se dan a veces casi inmediatamente posteriores a la recepción del Sacramento del Orden, doy esa respuesta: "es que llegó al sacerdocio sin haber recibido su Pentecostés personal"

No basta ser sacerdote, ni basta celebrar la Eucaristía, ni basta tener muchos conocimientos sobre todos los temas cristológicos. Démonos cuenta que por algo el Señor a sus Apóstoles les ordenó que no se ausentasen de Jerusalén hasta que "fuesen revestidos del poder de lo Alto", como dice Lucas, o "fuesen bautizados en ese Divino Espíritu", como dicen los Hechos.

Si se viera con claridad esta verdad, nos evitaríamos muchas caídas y muchas crisis, muchos dolores y veríamos en cambio florecer la santidad especialmente entre los sacerdotes».

Solamente agregamos que esto, es igualmente válido para los obispos, diáconos, teólogos, religiosas, y laicos.

Digamos cada día: Ven Espíritu Santo una vez más sobre mi vida y quémame con el fuego de tu presencia. Purifícame de mis pecados y ayúdame a tener el coraje de los santos; el celo apostólico de San Pablo;

la alegría de San Francisco de Asís; el amor de la madre Teresa de Calcuta y el valor para sufrir por la evangelización que tiene el Papa Juan Pablo II.

Ven y hazme una creatura nueva en Cristo Jesús. (2 Cor 5,17). Hazme un "David" Dios de la gloria, para poder vencer a todos los "Goliaths" que se han levantado en este tiempo.

Bendito seas Espíritu de Dios porque la victoria ya está ganada en Jesucristo y yo quiero hacer mía esa victoria. Hazme vencedor como "David" para que pueda exclamar: "Dónde estás Goliath porque tu derrota ya fue mostrada". Dame el "coraje" de un verdadero cristiano porque soy tuyo Señor.

Soy un guerrero tuyo Señor Jesucristo y con tu Espíritu doy un paso más de fe en mi vida. Ven Espíritu Santo y hazme un cerillo para poder incendiar de amor y fe todo lo que está a mi alrededor.

Hazme un servidor, Como el Papa Juan Pablo II ha dicho: **"con nuevo ardor, renovado entusiasmo, fino espíritu eclesial, desbordante de fe y esperanza, que hable cada vez más de ti Señor Jesucristo.**

Gracias Señor Jesús por dejarnos tu Espíritu para extender tu obra. Bendito seas por tu gran misericordia, por fijarte en este tu siervo. Bendito seas Señor. Amén.
Que en cada santa Misa renovemos nuestra alianza con Jesucristo como nuestro Señor y Salvador al mismo tiempo que nos llenamos de su Espíritu.

P.D. Medita, reflexiona y lucha por poner en práctica todo lo que creas que Dios te diga por medio de su Palabra y de su Iglesia en este libro.

Léelo una y otra vez, orando y pidiendo el Espíritu de Dios para poder vivirlo. Esto te ayudará a forjar tu "carácter" para ser un 'cristiano con coraje' de excelencia pastoral.

Ese es mi deseo y servicio: Ser un granito de arena en la formación de hombres y mujeres que aceleren y extiendan el Reino de Dios.

Tu amigo y hermano en Cristo Martin Zavala

Idaho, USA Septiembre del 2002

INDICE

7 PARTE
CRISTIANOS CON VISION

8 PARTE
COMO LOGRAR MÁS EN EL MENOR TIEMPO POSIBLE

Conclusión:

LIBROS, CD'S Y DVDS

Para conocer, vivir, celebrar, predicar y defender la fe te recomiendo el siguiente material que es excelente para lograrlo:

Libro
Respuestas Católicas Inmediatas

En este libro encontrarás una respuesta bíblica y directa a los ataques y preguntas de las Sectas fundamentalistas.

Es un Best-seller que no debes perderte.

Libro
Di no al Halloween

Este es un libro que hacía falta para saber exactamente que hay sobre el famoso día de halloween. Te aseguró que lo que leerás te dejará sorprendido y nunca verás igual el llamado "día de brujas".

Después de leerlo seguramente lo recomendarás y querrás que muchos más lo lean.

"Mi Juicio ante Dios"

Testimonio de la Dra. Gloria Polo

Nuevo Dvd con el impresionante testimonio de Gloria que siendo alcanzada por un rayo, Dios le permite ver su juicio y ahora ella va por todo el mundo compartiendo este mensaje.

Miles y miles han sido 'tocados' por Dios al ver este nuevo dvd. Sin duda que es algo que todo católico debe tener en su casa y recomendarlo para producir abundantes conversiones. (*También disponible en libro*)

Dvd y Libro

Fui cristiano por 23 años

Impactante testimonio de conversión de un Pentecostal que al encontrar la verdad no pudo rechazarla.

Como él mismo lo dice: «Antes era cristiano y ahora lo soy mucho más...»

"Una Nueva Apologética"

Incluye la tarjeta con citas bíblicas para saber defender la fe

Conoce a profundidad el problema del crecimiento de las sectas y que podemos hacer para enfrentar su proselitismo. Que es la nueva apologética y como poder dialogar con amigos y familiares protestantes.

También incluye una tarjeta con más de 100 citas bíblicas para dar respuesta a las preguntas más comunes a los ataques de los hermanos separados.

Libro

Testimonios: "*Pastores y líderes cristianos se convierten a la fe católica*"

En este libro encontrarás unos sorprendentes testimonios que te fortalecerán abundantemente en la fe.

Como lo dice el Sr. Martín Zavala: "Los Malos católicos se hacen protestantes y los buenos protestantes se están haciendo católicos".

¡Soy católico y que!

Un libro de bolsillo con un mensaje que ha transformado la vida de miles de personas.

Martin Zavala nos comparte los *10 pasos* para ser un auténtico cristiano.

Indispensable para todo católico

Cómo leer la Biblia (Libro)

Una de las cosas más urgentes hoy en día es el poder encontrar una manera más fácil para poder leer la Biblia. Para muchos católicos que inician en la fe no es fácil el poder hacerlo.

Al tratar de empezar a leerla surgen preguntas como: ¿Por dónde empiezo? ¿Cómo encuentro los capítulos y versículos? ¿Qué hago para aprovechar más la lectura de la Sagrada Escritura? ¿Cuál es la mejor manera de hacerlo?

Ese es precisamente el objetivo de este libro de bolsillo que Martín Zavala ha hecho para ti. Al leerlo, conocerás las claves para sacar mucho más provecho a la hora de acercarte a leer la Biblia.

(Libro)
"Lo que usted debe saber sobre el fin del mundo"

Conoce la verdad sobre Nostradamus y el calendario maya.

Descubre lo que realmente dice la virgen María acerca de los tres días de oscuridad y el tercer secreto de Fátima.

Aprende la respuesta a sobre:

- El Rapto
- El Armagedón
- El asteroide de la destrucción;
- El 'paraíso terrenal'
- Las profecías bíblicas'
- El Apocalipsis y el fin del mundo.

Autor: Martín Zavala

"Cansado de llorar, cansado de pecar, Cansado de vivir"

Impactante testimonio de Baltazar, quien fue liberado por Jesucristo de las drogas, alcohol, espiritismo y de la nueva era.

Conoce la historia de un hombre que hoy proclama: ¡Jesús está vivo! ¡Yo soy testigo del Poder de Dios!

Libro

"Como responder a los Testigos de Jehová"

¿Te han preguntado y no has sabido responder?

- Que no hay que celebrar la Navidad
- Que las transfusiones de sangre las prohíbe la biblia
- Que Jesucristo no es Dios sino el arcángel Miguel
- Que no es bíblico, ni bueno, celebrar los cumpleaños
- Que habrá un paraíso terrenal y solo 144 mil irán al cielo
- Que dónde en la biblia se habla de la santísima Trinidad

Libro con 300 páginas de citas bíblicas y documentos de los mismo testigos de Jehová que los dejan al descubierto.

Libro

Liberados del Alcoholismo con el Poder de Dios

Es un nuevo libro de Martin Zavala. Urgente que existiera en la iglesia catolica, pues hoy en día, son millones los amigos y familiares que han caído en las garras del alcohol y este libro ayudará a miles a salir de ese vicio.

Trae impactantes testimonios de hombres y mujeres que ayudará a otros a poder liberarse de esta esclavitud.

Regálalo a las personas que quieres ayudar.

Un Dios Misterioso ***Nueva edición***

Esta nueva edición del libro del P. Fortea es sin duda uno de los mejores libros que existen para responder a todas las preguntas acerca de los **dones, carismas, exorcismo y liberación.**

El P. Fortea, quien es un especialista en demonología y un exorcista, responde de una manera directa a las preguntas difíciles sobre estos temas.

Esta nueva edición trae más explicaciones que te ayudarán a saber respuestas correctas a estos temas.

Cómo rezar el Rosario 7 Formas (Libro)

Te deseo de corazón que por medio de las diferentes formas de hacer el rosario que encontrarás en este libro, vayas creciendo espiritualmente para así poder tener una autentica vida cristiana.

Las 7 formas más conocidas ahora ya las tienes en un solo libro: Rosario de liberación; rosario regular; rosario bíblico; A la divina misericordia; A la preciosa sangre; rosario al Espíritu Santo y rosario por los difuntos.

Ten Cuidado el Demonio existe"

Urgente, a la voz de ya, que leas este nuevo libro y te prepares en serio para ayudar a tanta gente que está en la iglesia, pero confundida, o sin saber que hacer acerca de todo lo relacionado con la acción de satanás:

Ouija, supersticiones, amuletos, horóscopos, brujos, limpias, Tarot, adivinación, Psíquicos, maldiciones, santa muerte, espiritismo... Conoce la respuesta en este libro.

Además explica los exorcismos; los medios de liberación y trae oraciones especiales.

Libro

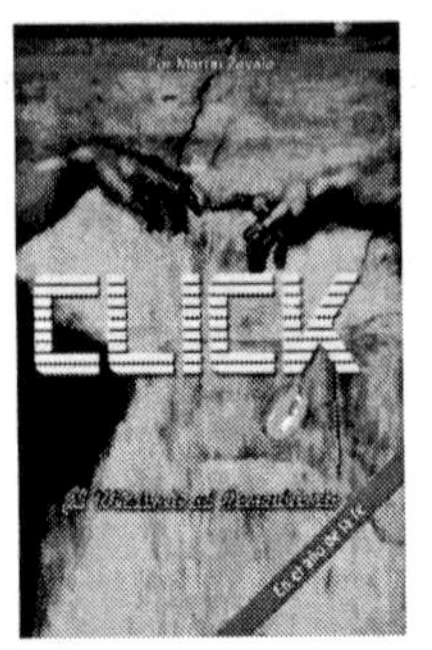

CLICK: "*Descubre el Poder de la santa Misa*"

En Si Cristo está plenamente presente en cada santa Misa, ¿Por qué hay millones de personas que asisten a ella y no cambian de vida?

¿Qué pasos son necesarios para tener una vida espiritual que dé frutos en abundancia?

¿Cuáles son los 'secretos' que tenemos que descubrir en la santa Misa?

Te aseguro que nunca veras la Misa de la misma forma.

Atrévete a dar un Salto de Fe.

Autor: Martín Zavala

Otro excelente material que tenemos y que te recomiendo es:

---

2 Cd's «Yo Fui Testigo de Jehová»
Testimonio de Antonio Carrera
CD «Con un Dios a mi medida»
CD «Rosario de Liberación»
CD «El Santo Rosario»
CD «12 Masajes al corazón»
CD «Rosario a la Preciosa Sangre»

CD's de cantos y alabanzas:
- Allá en la eternidad
- Defiende tu fe cantando Vol. 1
- Defiende tu fe cantando Vol. 2
- En tu presencia, en adoración
- El Espíritu Santo ya llegó
- Mi Amado Jesús
- Acepta a Jesucristo

DVD «3 Claves para mejorar mi Matrimonio»
DVD «Fui cristiano por 23 años»
DVD «Guerrero de Dios con las armas de Jesucristo»
DVD «La Dura realidad del aborto»
DVD «El Gran Milagro»
DVD «Conoce el Mal, para poder Vencerlo»

En ingles:

- «Catholic defend your faith», ***Martin Zavala***
- «I am Catholic, So What!», ***Martin Zavala***
- «Standing before God: The Judgment», CD Testimony of *Gloria Polo*

Puedes conseguir este material y otros nuevos productos de Misión 2000

En tu librería católica más cercana o en:

Tel (480) 598-4320
P.O. BOX 51986
PHOENIX, AZ 85076

www.defiendetufe.com

NOTAS

Bautizmo
confirmacion } iniciación cristiana
eucaristia

Penitencia
Unción de enfermos } Curación

orden sacerdotal } servicio a la comunidad
matrimonio